FUNDAMENTOS PARA UMA TEORIA HERMENÊUTICA DO DIREITO *PÓS* GIRO LINGUÍSTICO

CIP-BRASIL. CATALOGAÇÃO NA PUBLICAÇÃO
SINDICATO NACIONAL DOS EDITORES DE LIVROS, RJ

Souza, Luiz Claudio Nogueira de
Fundamentos para uma teoria hermenêutica do direito pós giro linguístico / Luiz Claudio Nogueira de Souza. – São Paulo : Editora Noeses, 2024.

242 p. ; 23 cm.
Inclui bibliografia
ISBN 978-85-8310-180-2

1. Hermenêutica (Direito) I. Título.

23-180562 CDU: 340.132.6

Tábata Alves da Silva - Bibliotecária - CRB-8/9253

Luiz Claudio Nogueira de Souza

Mestre em Filosofia pela Universidade Federal do Espírito Santo – UFES. Mestre em Direito Tributário pelo Instituto Brasileiro de Estudos Tributários – IBET. Pós-graduação em Direito Tributário pela Universidade Anhanguera – Uniderp. Pós-graduação em Gestão Executiva de Petróleo e Gás pela COPPE/UFRJ. Auditor Fiscal da Secretaria de Estado da Fazenda do Estado do Espírito Santo, onde atua como Coordenador do Núcleo de Petróleo, Gás Natural, Biocombustíveis e Derivados – NUPETRO, e como Julgador Titular do Conselho Estadual de Recursos Fiscais – CERF.

FUNDAMENTOS PARA UMA TEORIA HERMENÊUTICA DO DIREITO *PÓS* GIRO LINGUÍSTICO

2024

editora e livraria

NOESES

Copyright © Editora Noeses 2024
Fundador e Editor-chefe: Paulo de Barros Carvalho
Gerente de Produção Editorial: Rosangela Santos
Arte e Diagramação: Renato Castro
Revisão: Microart
Designer de Capa: Aliá3 - Marcos Duarte

2023

editora e livraria
NOESES

Editora Noeses Ltda.
Tel/fax: 55 11 3666 6055
www.editoranoeses.com.br

À Izis, Ana e Beatriz,
economia dos
meus afetos.

AGRADECIMENTOS

Meus sinceros agradecimentos ao Instituto Brasileiro de Estudos Tributários – IBET, instituição composta por profissionais da mais alta qualidade, que não medem esforços no cumprimento da missão de apoio acadêmico e manutenção de um ambiente propício e necessário ao desenvolvimento intelectual dos seus discentes.

Aos docentes do IBET com os quais tive contato e a honra de frequentar as respectivas disciplinas na condição de discente. Sem o ambiente fecundo de sala de aula, onde as trocas dialógicas e a reflexão de altíssimo nível é uma constante, este trabalho sequer teria vindo à luz.

À Prof.ª Dra. Sílvia Regina Zomer, orientadora a quem, hoje, tenho a honra e o privilégio de chamar de amiga. Sua mestria de excelência foi fundamental para o desenvolvimento deste trabalho. Minha eterna gratidão pelo apoio e incentivo inestimáveis que recebi e ainda recebo!

Por fim, ao Mestre de todos nós, Prof. Dr. Paulo de Barros Carvalho, exemplo de ser humano e intelectual. Posso dizer que sua sabedoria é exercida tal qual a maiêutica socrática, pois o cuidado com cada palavra que profere, seja ela sob a forma escrita ou oral, nos exorta à constante reflexão jurídico-filosófica, motivando-nos dar à luz ideias sempre renovadas.

"Fazer poesia é ler o Mundo
Em seu dinâmico processo
De estimular nossa Existência
A partir da ótica singular
De quem se vê, ao mesmo tempo,
Dentro e Fora dele
Imerso em seu dinamismo
E livre de sua letal complexidade"

(Anderson Fasano – *Círculo hermenêutico)*

"Aquele que tem horizontes sabe valorizar corretamente o significado de todas as coisas que caem dentro deles, segundo os padrões de próximo e distante, de grande e pequeno. [...] Ganhar um horizonte quer dizer sempre aprender a ver mais além do próximo e do muito próximo, não para apartá-lo da vista, senão que precisamente para vê-lo melhor, integrando-o em um todo maior e em padrões mais corretos"

(Hans-Georg Gadamer – *Verdade e método)*

"Eu quero entrar na rede
Promover um debate
Juntar via Internet
Um grupo de tietes de Connecticut"

(Gilberto Gil – *Pela Internet)*

PREFÁCIO

Uma das acepções propostas para a palavra "teoria", além daquela utilizada frequentemente pelos gregos para significar "contemplação desinteressada", pode ser mencionada como "o conjunto de proposições enunciativas, na predominante função descritiva de sua linguagem-objeto, estruturado, o conjunto, mediante sistema formal cuidadosamente ordenado". Suas premissas hão de ser articuladas à fundamentação argumentativa da mensagem, para obter conclusões racionalmente explicitadas, tendo em vista as dimensões de conteúdo, manifestado, sempre, de forma unitária e com rigorosa demarcação semântica. Tal referência é susceptível de aplicar-se a qualquer assunto de nosso interesse, desde que não a tomemos com pretensões definitórias, procurando, de qualquer modo, delimitar com foros de precisão suas marcas terminativas, exaurindo-o como se fora um todo único e exclusivo.

Nos termos expostos, vale, perfeitamente, para o conteúdo do excelente texto escolhido para dissertação de mestrado de Luiz Cláudio Nogueira de Souza, que tenho, agora, o prazer de prefaciar.

De fato. Parece-me apropriada a junção dos três movimentos referidos no título do trabalho, naturalmente com as fundamentações retóricas que o Autor soube muito bem assinalar no desenvolvimento do texto: manter uma conversação intensa entre a Filosofia da Linguagem, a Hermenêutica

Filosófica de Gadamer e o Constructivismo Lógico-Semântico, mais resumidamente numa iniciativa de cunho analítico-hermenêutico do Direito, tornando possível compreendê-lo numa posição estratégica favorável aos fins cognoscitivos. Creio, porém, que devem ser afastadas, desde logo, as possíveis alusões a um "sincretismo metodológico", referência crítica fácil de ser arguida, todavia, quase sempre de difícil e trabalhosa sustentação. As referidas correntes filosóficas podem, perfeitamente, ajustar-se, numa combinação harmônica que facilita o percurso de apreensão do conjunto, dando rendimento e produtividade ao esforço cognoscitivo, mesmo porque são suficientemente amplas para se absorverem, em regime de interação, num horizonte comum. Demais disso, a Filosofia da Linguagem acomoda as teorias semânticas e as duas se conjugam muito bem com o Constructivismo Epistemológico, tomado aqui, como o próprio nome indica, na condição de método de produzir conhecimentos e não como outra maneira de ver o mundo, montando reflexões sobre objetos e, portanto, ameaçando os pressupostos das duas primeiras concepções.

As três atitudes de aproximação se apresentam, antes, como cortes e recortes do intermundo social, justapondo-se ou integrando-se, como melhor aprouver aos agentes do saber, noutra grandiosa perspectiva: a dos fenômenos comunicacionais, sem que haja qualquer obstáculo, nesse estreito entrelaçamento metodológico, para deter a criatura humana, nos seus anseios de travar contacto com o mundo circunstante.

Está de parabéns Luiz Cláudio Nogueira de Souza pela escolha do tema e pelo modo como o desenvolveu, produzindo o texto correspondente.

São Paulo, 23 de março de 2024.

Paulo de Barros Carvalho
Professor Emérito e Titular de Direito da PUC/SP e da USP.
Membro Titular da Academia Brasileira de Filosofia.

SUMÁRIO

Capítulo 1
FILOSOFIA DO *SER*, DA CONSCIÊNCIA E DA LINGUAGEM: ANTES DE QUALQUER COISA, UM PASSO ATRÁS

Capítulo II
FILOSOFIA HERMENÊUTICA *PRÉ* E *PÓS* GIRO LINGUÍSTICO

Capítulo III
LINGUAGEM, *PRÉ*-CONCEITOS, CULTURA E DIREITO: O MUNDO PANTÉCNICO E A INEVITABILIDADE DE UMA HERMENÊUTICA JURÍDICA *PÓS* GIRO LINGUÍSTICO

Capítulo IV
HERMENÊUTICA JURÍDICA *PÓS* GIRO LINGUÍSTICO E SEUS INFLUXOS NO PENSAMENTO JURÍDICO NACIONAL

INTRODUÇÃO

O texto que ora apresento, sob a forma de livro, consiste na dissertação de mestrado por mim defendida junto ao Instituto Brasileiro de Direito Tributário – IBET. Hermenêutica jurídica é o seu tema central. A ideia de trazê-lo a público foi exortada por minha orientadora, Prof.ª Sílvia Regina Zomer, a quem rendo meus sinceros agradecimentos e gratidão pela amizade sincera e pelos ensinamentos que comigo levarei por toda vida.

Feito esse registro, peço licença para, doravante, fazer uma introdução à guisa de *prolegômeno*, expondo, evidentemente, o objeto, as hipóteses e a metodologia da pesquisa, de modo a traçar um esboço do caminho textual a ser percorrido pelo leitor, ao tempo em que dou explicações acerca das motivações e das circunstâncias que me levaram a enfrentá-lo. Isso em razão de minha firme convicção de que toda pesquisa, por mais "científica" que pretenda ser, sempre porta consigo um mínimo de preferências e de visão filosófica de mundo do pesquisador, de sorte que a tão sonhada pesquisa neutra e desinteressada, desprovida de (pré)conceitos, não passa de quimera.

Ao ensejo, recordo-me de, certa vez, numa leitura mais detida da obra *Direito tributário:* linguagem e método, do Prof. Paulo de Barros Carvalho, ler duas passagens que, desde então, tornaram-se recorrentes em meus pensamentos. Na primeira passagem, dizia o ilustre mestre que "[...] o discurso da Ciência será tanto mais profundo quanto mais se ativer, o autor, ao modelo filosófico por ele eleito para estimular sua investigação" (CARVALHO, 2013, p. 13). Na segunda, afirmava que sua preocupação principal era "escrever bem e pensando" para, assim, aperfeiçoar a Teoria Geral do Direito, razão pela qual desenvolvera, junto com Lourival Vilanova, o *conceito de método* denominado "Constructivismo Lógico-Semântico".

Aquilo me pareceu, naquele momento, inusual para um jurista brasileiro, pois, até então, via a Ciência Jurídica nacional como uma forma de pensar o fenômeno jurídico de modo estritamente dogmático, constituída quase sempre por argumentos de autoridade e verdades quase teológicas. De todo modo, passei, talvez inadvertidamente, a interpretar as referidas passagens como uma espécie de exortação do autor aos seus leitores, para que estes, por sua vez, aprendessem a pensar o Direito a marteladas, tal como propusera Friedrich Nietzsche em seu *Crepúsculo dos ídolos*. Assim fazendo, uma abordagem científico-dogmática do fenômeno jurídico não seria (ou não precisaria ser) uma coleção de proposições descritivas de conteúdos contidos em textos legais, como se costuma encontrar nos livros e manuais de direito, mas, sim, uma empreitada científica de primeira grandeza, em que o pensamento deveria, necessariamente, se socorrer de fundamentos que estão para além de asserções dogmáticas, buscando amparo em premissas situadas, muitas das vezes, na dimensão filosófica.

Ainda não havia tido contato pessoal com o Prof. Paulo de Barros Carvalho. Quis o destino me agraciar (e, certamente, a todos aqueles que já foram seus alunos), quando, no primeiro semestre de 2022, foi ofertada a disciplina "Categorias para um Estudo Dogmático do Direito Tributário à Luz do Constructivismo Lógico-Semântico", no Programa de Mestrado do Instituto Brasileiro de Direito Tributário – IBET, na qual me matriculei com muito entusiasmo.

No correr de cada aula, era hábito do Prof. Paulo de Barros fazer, em meio às elucidações de categorias jurídico-dogmáticas inerentes ao Direito Tributário, algumas digressões filosóficas, de sorte que referências a pensadores do porte de Søren Kierkegaard, Ludwig Wittgenstein, Edmund Husserl, Martin Heidegger e muitos outros eram recorrentes, conferindo luz e profundidade ao pensamento do Professor.

Lembro-me, com satisfação, de um episódio. Por ocasião da terceira aula, após a timidez estar um pouco mais aplacada, reuni coragem suficiente para dirigir uma pergunta ao Prof. Paulo de Barros, cujo teor era, basicamente, o que ele pensava sobre essas imersões no Direito e na Teoria Geral do Direito a partir de incursões na filosofia e, em específico, se ele achava factível, a partir dessas incursões, tentar estabelecer um diálogo entre a filosofia da linguagem, a hermenêutica filosófica contemporânea, sobretudo a de base gadameriana, e a proposta jurídico-hermenêutica do Constructivismo Lógico-Semântico.

O professor, muito educadamente (o que se me mostrou ser uma constante), porém, com uma agudeza intelectual digna de grandes pensadores, me respondeu, inicialmente, que tais incursões filosóficas, desde que com os devidos cuidados para se evitar sincretismos desautorizados, têm o condão de conferir vigor e robustez ao pensamento jurídico. Em seguida, concluiu sua resposta com a seguinte observação: "o que dignifica o Homem é o pensar, sendo essa sua atividade mais nobre, de modo que não pode haver, de modo algum, quaisquer obstáculos ao seu exercício".

A resposta do Prof. Paulo de Barros me marcou profundamente e, de certo modo, corroborou a interpretação que havia construído a partir da leitura das duas passagens de seu livro. Sentir-me, em face desse acontecimento, exortado e autorizado a pensar o direito sem sair de sua órbita, empreendendo, contudo, incursões no campo filosófico a fim de colher premissas que conferissem, a um só tempo, mais clareza e robustez aos meus pensamentos.

No caso específico do presente trabalho, proponho tomar como problema central um tema caro ao fenômeno jurídico, qual seja: hermenêutica. Hermenêutica, todos sabemos, é um conceito de uso ostensivo no jogo de linguagem do direito, seja no âmbito da Teoria Geral ou de doutrinas jurídicas mais especializadas, seja no cotidiano da linguagem técnico-jurídica praticada por seus operadores (advogados, juízes, autoridades administrativas etc.).

No plano teórico, os estudos em hermenêutica jurídica têm se concentrado no desenvolvimento de técnicas com vistas à identificação de normas jurídicas contidas, explícita ou implicitamente, nos textos do direito positivo, normas jurídicas estas decorrentes da vontade da lei ou da vontade do legislador. No plano pragmático, a força retórica do termo hermenêutica o faz funcionar tal como uma palavra mágica (uma espécie de *abracadabra*), cujo proferimento, dentro de determinada ritualística, abre um portal de acesso a muitos outros termos, tais como intérprete, intérprete autêntico, não autêntico, exegese, interpretação literal, sistemática, histórica, sociológica, teleológica e, mais recentemente, econômica etc.

Parafraseando Émile Benveniste (1976, *passim*), pode-se dizer que hermenêutica é uma daquelas palavras que, como a cabeça de Medusa, está sempre por aí, no centro da linguagem jurídica, fascinando os que a contemplam, muito embora não se tenha muita clareza acerca do seu real significado, tampouco de sua genealogia.

De todo modo, é preciso reconhecer que o Direito, em si, não subsiste sem uma teoria da interpretação, no sentido de que toda e qualquer posição teórica ou prática que se toma em relação ao Direito ou em relação à forma como este se realiza concretamente no "mundo da vida" pressupõe, inexoravelmente, uma determinada perspectiva hermenêutica. Conforme muito bem destacou certa vez Celso Lafer (2004, p. 56-57), "[...] na discussão hermenêutica, por excelência, os temas da Filosofia do Direito se colocam diante dos problemas concretos suscitados pelo Direito Positivo".

Assim, para além de um conjunto de técnicas de interpretação, a hermenêutica jurídica revela-se como o tema cujo estudo possibilita que questões eminentemente filosóficas dialoguem com a Teoria Geral do Direito, sem perder de vista o direito positivo e os problemas que envolvem a sua realização no mundo concreto da vida, em que opera regulando condutas intersubjetivas. A hermenêutica comparece, nessa perspectiva, como um daqueles temas que nos faz parar para pensar o Direito, convertendo-se numa das principais chaves para sua reflexão.

A proposta deste livro, portanto, pretende problematizar o tema "hermenêutica jurídica", articulando questões em níveis de reflexão que vão desde o pensamento filosófico universal, passando pela Teoria Geral do Direito, até alcançar o plano pragmático do direito positivo.

O objetivo central reside em traçar os contornos de uma experiência do fenômeno jurídico com base naquilo que se pode chamar de perspectiva analítico-hermenêutica do direito, considerando, para tanto, as reflexões sobre a linguagem alinhavadas por Ludwig Wittgenstein, em *Investigações filosóficas*, publicada postumamente em 1953, e as reflexões sobre hermenêutica filosófica desenvolvidas por Hans-Georg Gadamer, em *Verdade e método*, publicada em 1960.

Sem qualquer pretensão de esgotar o tema, espero, com isso, dar uma singela contribuição rumo à busca por uma compreensão do fenômeno jurídico a partir de bases teórico-filosóficas que dialoguem com as transformações sociais de nossa contemporaneidade, possibilitando, inclusive, um acesso ao fenômeno jurídico-tributário de modo mais aderente à crescente complexidade socioeconômica de nossa sociedade, no interior da qual surgem as relações jurídico-tributárias.

Para tanto, parto da hipótese de que a percepção do direito a partir do horizonte filosófico da linguagem e da filosofia hermenêutica contemporânea abre espaço para uma perspectiva hermenêutica do fenômeno jurídico mais adequada aos tempos hodiernos, dominado por uma revolução tecnológica nunca vista antes no plano comunicacional (plano da linguagem). Isso porque, para além de um conjunto de técnicas, o acesso hermenêutico ao direito deve levar em consideração o fato inegável de que vivemos, hoje, numa sociedade cada vez mais *hiperinformada*, em que todos habitamos um novo espaço – o *ciberespaço* – e cada pessoa se transforma num nó de uma grande rede dialógica global.

Desta feita, em vez de exegeses calcadas na relação dicotômica "sujeito-objeto", em que posturas cognoscentes de viés objetivista (que equipara texto e norma) ou subjetivista (arbitrariedade solipsista) pautam a atitude do hermeneuta, torna-se imperativo adotar, a partir de então, uma exegese calcada na relação "sujeito-sujeito", dada na e pela linguagem, que, por sua vez, molda e é moldada (*diacronia* e *sincronia*) pelo contexto histórico-cultural, em que os sujeitos (intérpretes) colocam em jogo seus pré-conceitos em busca por consenso hermenêutico acerca do mundo e das coisas.

A condução metodológica da pesquisa ancora-se no axioma *direito é linguagem*, o que implica assumir que não há, de um lado, um sujeito cognoscente e, de outro, um objeto (o Direito) a ser conhecido, mas, sim, sujeitos que, em contextos reais de fala, constroem realidades como usuários competentes de determinado jogo de linguagem. Por sua vez, esse axioma explica a opção por uma metodologia *constructivista* do Direito, razão pela qual lançarei mão do Constructivismo Lógico-Semântico, tal como concebido pelos jusfilósofos Paulo de Barros Carvalho e Lourival Vilanova, tomando-o, entretanto, como um *conceito de método,* na medida em que suas preocupações residem muito menos no "*quê*" do direito – sua *quididade* – e muito mais no *como* do fenômeno jurídico.

Não se trata, assim, de opção por uma doutrina ou escola de pensamento, mas, antes, de um estilo que se caracteriza por exercitar o pensamento nesse campo existencial, à guisa de uma fenomenologia aplicada ao Direito. Na esteira de Paulo de Barros Carvalho (2013), trata-se do difícil exercício de surpreender o fenômeno jurídico escrevendo bem e pensando, a um só tempo, partindo da premissa de que não é possível considerar o direito independentemente da linguagem, mas, sim, para falar como Martin Heidegger (2014), que somos, antes de tudo, na linguagem e pela linguagem.

O livro está dividido em quatro capítulos, estruturados sequencialmente como se segue:

No primeiro capítulo, de caráter introdutório, apresento ao leitor o conceito de horizonte filosófico. Inicialmente, o objetivo é mostrar como concepções de mundo relacionam-se com determinada visão filosófica, entendendo-a a partir da consideração de três elementos: (i) o que existe e que se considera como realidade (ontologia); (ii) como conhecê-la (gnosiologia); e (iii) qual o papel conferido à linguagem na mediação da relação entre conhecimento (gnosiologia) e realidade (ontologia). Ou seja, o "mundo da vida", onde os homens interagem entre si e com as coisas que os cercam, depende, fundamentalmente, do horizonte filosófico de referência. Em um segundo momento, o capítulo aborda cada um dos horizontes que demarcam, até então, o pensamento filosófico ocidental, quais sejam: filosofia do *ser*, da consciência e da linguagem. O propósito, aqui, é mostrar, a partir dos três elementos (ontologia, gnosiologia e linguagem), as características centrais de cada horizonte filosófico, apontando, desde já, a influência de cada um sobre a forma como o direito é compreendido.

O segundo capítulo apresenta um breve panorama histórico acerca da filosofia hermenêutica em conexão com cada horizonte filosófico, mostrando, num primeiro momento, como cada horizonte filosófico atua como *background* para cada concepção hermenêutica, com destaque para a relação entre a hermenêutica jurídica concebida como técnica (ou tecnologia) e o horizonte da filosofia da consciência. Posteriormente, aponto como a revolução linguístico-pragmática rompeu com o esquema sujeito-objeto inerente à filosofia da consciência, trazendo para o primeiro plano as interações dialógicas mediadas pela relação sujeito-sujeito e, com isso, criando as condições para a filosofia hermenêutica contemporânea desenvolvida, sobretudo, por Hans-Georg Gadamer, o que, por sua vez, abriu as portas para o acesso ao fenômeno jurídico a partir de uma perspectiva hermenêutica inteiramente renovada e mais adequada aos tempos atuais. A pretensão central deste capítulo é colocar em evidência o fato de que o horizonte cultural do intérprete, formado pelo conjunto de seus preconceitos herdados do diálogo com a tradição, assume papel central no processo de compreensão, interpretação e aplicação de textos, a exemplo dos textos jurídicos.

O terceiro capítulo tem por objetivo adentrar questões mais pragmáticas. Inicialmente, parto do papel de destaque conferido aos preconceitos herdados da tradição para o processo hermenêutico, tal como concebido pela hermenêutica filosófica de Hans-Georg Gadamer, traçando uma genealogia das noções de "esfera pública" e "esfera privada". Tomo esse par dicotômico de (pré)conceitos, que nos foi legado ao longo dos séculos, como cardeal, para, com isso, empreender uma análise crítica de sua legitimidade em face da compreensão do fenômeno jurídico em tempos hodiernos. Feito isso, procuro apontar elementos que induzem à percepção de que o horizonte filosófico da linguagem e a filosofia hermenêutica contemporânea tornaram-se imperativos teórico-filosóficos, sobretudo com o advento da revolução tecnológica ocorrida no plano comunicacional, a partir do que preconceitos canonizados deixam de cumprir, satisfatoriamente, o papel que desempenhavam, até então, na compreensão do Direito. Em seguida, o capítulo traz, ainda, elementos do plano jurídico-pragmático, os quais indicam que a filosofia da linguagem e a hermenêutica filosófica contemporânea tornam-se, cada vez mais, a chave de acesso ao Direito nos tempos atuais, do que são exemplos as recentes alterações no sistema jurídico-positivo com vistas à ressignificação do (pré)conceito de "acesso à justiça", a exemplo dos meios autocompositivos empregados para resolução de conflitos jurídicos, cujo pressuposto teórico-filosófico é de que as partes, e não um terceiro, são dotadas de capacidade para, a partir de entendimento linguístico, buscarem um consenso hermenêutico.

Por fim, o quarto capítulo é dedicado à hermenêutica jurídica de base analítica e de seus influxos no pensamento jurídico nacional. Inicialmente, meu intuito é mostrar como a filosofia da linguagem e a filosofia hermenêutica contemporânea têm servido de substrato teórico-filosófico para o desenvolvimento de uma perspectiva analítico-hermenêutica do Direito em nível de Teoria Geral, elegendo como objeto de investigação as contribuições ofertadas pelo Constructivismo Lógico-Semântico, tal como concebido por Lourival Vilanova e Paulo de Barros Carvalho, e as contribuições de Eros Roberto Grau e Lenio Luiz Streck. Num segundo momento, de cunho propositivo, empreendo uma releitura do *percurso gerativo de sentido*, tal como proposto pelo Prof. Paulo de Barros Carvalho. Partindo daquilo que reputo como central na hermenêutica filosófica de Hans-Georg Gadamer, busco incorporar as estruturas prévias da compreensão no *percurso gerativo de sentido*, explicitando que o ponto de partida e o mais fundamental de toda e qualquer tarefa hermenêutica está na percepção crítica dos nossos preconceitos, que são herdados da tradição e que forjam, inevitavelmente, nosso horizonte cultural enquanto intérpretes.

Ao final de todo o caminho trilhado ao longo deste trabalho, destaco os importantes resultados alcançados, os quais, ainda que não mereçam a pecha de conclusivos, apontam para um campo profícuo de investigação do fenômeno jurídico e, o que é mais importante, para uma adequação das práticas jurídicas às mudanças céleres pelas quais passa a sociedade contemporânea. Nesse sentido, acredito ter demonstrado que um acesso hermenêutico ao fenômeno jurídico a partir da filosofia da linguagem e da hermenêutica filosófica contemporânea abre um amplo e fecundo espaço para investigações futuras acerca da hermenêutica jurídica envolvendo questões de cunho mais pragmático, decorrentes de alteração ou fossilização de preconceitos tidos como canônicos dentro do jogo de linguagem do direito, em intervalos de tempo cada vez mais curtos, sobretudo com o vertiginoso fluxo de informações tão característico do atual mundo pantécnico.

Capítulo I

FILOSOFIA DO *SER*, DA CONSCIÊNCIA E DA LINGUAGEM: ANTES DE QUALQUER COISA, UM PASSO ATRÁS

1.1 O conceito de horizonte filosófico: uma demarcação fundamental

Com todos os riscos de um eventual reducionismo, pode-se entender por "filosofia" como a expressão que, quando empregada adequadamente no mundo ocidental, demarca a estrutura mental e linguística a partir da qual os homens desse hemisfério se relacionam entre si e com o mundo que os cerca. Filosofia, nesse sentido, tem a ver com "modo de vida", moldando culturalmente[1] a arquitetura

1. O termo "cultura", neste trabalho, será compreendido como significando o conjunto de artefatos humanos (produzidos pelo *homo faber*) que armazenam informações. Esse entendimento se apoia em Jürgen Habermas (2002, p. 96), para quem "cultura é o armazém de saber, do qual os participantes da comunicação extraem

mental e linguística por meio da qual torna-se possível mobilizar duas questões determinantes à condição humana, quais sejam: o que, de fato, existe e pode ser objeto do conhecimento? Como conhecer aquilo que existe?

A primeira questão é de natureza ontológica. Sua indagação versa sobre aquilo que existe no mundo (sobre a existência das coisas) e, então, pode ser considerado como realidade. A segunda questão é de natureza gnosiológica. Sua problematização se passa no plano epistemológico,[2] pois procura investigar e esclarecer como se dá o processo de conhecimento daquilo que se reputa como "realidade".

Ambas as questões (ontológica e gnosiológica) são mobilizadas levando-se em conta, necessariamente, o papel desempenhado pela linguagem. A consideração do que é a realidade e de como pode ser conhecida pelo homem passa, inevitavelmente, pelo problema da linguagem. Daí por que as questões de ordem ontológica e epistemológica que caracterizam o modo de pensar filosófico ocidental podem ser reduzidas a um único problema, circunscrito à relação entre linguagem e realidade.[3]

---

interpretações no momento em que se entendem mutualmente sobre algo", bem como em Vílem Flusser (2014, p. 34), para quem "a cultura é um dispositivo para armazenar informações".

2. De acordo com Urbano Zilles (2005), epistemologia ou teoria da ciência, *stricto sensu*, é uma metalinguagem que tem como linguagem objeto o discurso científico, tratando-se, assim, de uma linguagem sobre a linguagem científica. Ou seja, a epistemologia não trata do conteúdo das ciências, mas sim de sua forma. Reconhecemos, também, que há uma diferença entre epistemologia e gnosiologia (teoria do conhecimento), pois esta tem como indagação central questões atreladas à origem do conhecimento, e não acerca de sua forma. De todo modo, tomaremos, neste trabalho, as expressões como sinônimas por "semelhança de família", pois isso não trará qualquer comprometimento para o que se pretende com a pesquisa.

3. Na esteira de Gilles Deleuze e Félix Guattari (2010), a filosofia não é nem contemplação nem reflexão, mas sim a arte de formar, inventar e fabricar conceitos. Enquanto o Sábio pensa por meio de figuras, o Filósofo o faz por meio de conceitos, que são, cada um em si, centros de vibração, mas que estão relacionados uns em relação aos outros.

Por sua vez, a problematização dessa relação entre linguagem e realidade dentro do arco filosófico ocidental engendra aquilo que se convencionou chamar de horizontes ou paradigmas filosóficos, os quais demarcam a perspectiva a partir da qual essa relação é concebida. Desta feita, respostas às perguntas sobre *o que é a realidade (ontológica) e como pode ser conhecida (gnosiológica/epistemológica)* são ofertadas de modo diferente por cada horizonte filosófico, a partir de determinada concepção acerca da relação entre linguagem e realidade.

Costuma-se dividir o pensamento filosófico ocidental em três horizontes (ou paradigmas, como preferiu chamar Jürgen Habermas),[4] quais sejam: filosofia do *ser*, filosofia da consciência e filosofia da linguagem. Conforme Habermas (2002, p. 21-22), "tornou-se costume aplicar à história da filosofia o conceito de 'paradigma', oriundo da ciência,[5] e dividir as épocas históricas com o auxílio de 'ser', 'consciência' e linguagem".

Odílio Alves Aguiar (1999), por entender que uma teoria filosófica, ao contrário de uma teoria científica, dificilmente torna-se obsoleta e, por essa razão, jamais é deixada de lado, faz coerente opção pela expressão "horizonte", em vez de "paradigma", mantendo, entrementes, a mesma divisão entre filosofia do *ser*, filosofia da consciência e filosofia da linguagem. Conforme observa o autor,

> seguindo a cronologia praticada pelos historiadores e filósofos, que dividem a História da Filosofia em Clássica, Moderna e Contemporânea, podemos afirmar que três grandes horizontes

4. Urbano Zilles (2005) também trabalha com o conceito de paradigma para delimitar os grandes arcos da filosofia, em vez de horizontes.

5. Com efeito, a noção de *paradigma* foi concebida por Thomas Kuhn (1997, p. 13), em sua obra *A estrutura das revoluções científicas*, em que o autor define a expressão como o conjunto de "realizações científicas universalmente reconhecidas que, durante algum tempo, fornecem problemas e soluções modelares para uma comunidade de praticantes de uma ciência".

> sobressaem nesses períodos, embora perspectivas menores se façam presentes e convivam dentro do horizonte principal. Assim, podemos dizer que o horizonte do ser (ontológico) é hegemônico na Filosofia Clássica, o horizonte da consciência (gnosiológico) é hegemônico na Filosofia Moderna e o horizonte da linguagem é hegemônico na Filosofia Contemporânea (AGUIAR, 1999, p. 29-30).

Delimitar, mesmo que brevemente, cada um desses horizontes filosóficos é de fundamental importância para a fixação de premissas no plano da pesquisa científica. Não importa em qual ramo do saber esteja sendo desenvolvida, esse recurso possibilita adequação teórica mais consistente entre os pontos de partida e de chegada ao longo da investigação, resultando num maior alinhamento entre os eixos da problematização, das hipóteses levantadas e das conclusões alcançadas.

Tudo isso porque toda e qualquer ciência, por mais que não o perceba, ancora suas premissas fundamentais num determinado horizonte filosófico, fazendo uso de seu instrumental metodológico para investigar aquilo que considera como sua realidade, que é seu objeto de estudo, a partir de uma relação preconcebida entre língua e realidade. A ciência do direito, por muito maior razão, não foge a essa regra, sobretudo por ser uma daquelas ciências que, por sua natureza eminentemente dialógica, mantém contato permanente com o pensar filosófico.

A esse respeito, Paulo de Barros Carvalho, ao teorizar sobre a perspectiva constructivista no plano da Teoria Geral do Direito, faz a seguinte observação:

> [...] o sopro filosófico, na forma superior de meditação crítica, há de estar presente em toda a extensão do trabalho. [...] O progresso da pesquisa científica fica na dependência direta do apoio indispensável da Filosofia. Daí seu prestígio para o desenvolvimento dos estudos atuais, na multiplicidade de suas manifestações construtivas (CARVALHO, 2013, p. 4).

Para esse jurista, cuja teoria constructivista do fenômeno jurídico é um dos pilares da presente pesquisa, "o discurso da Ciência será tanto mais profundo quanto mais se ativer, o autor, ao modelo filosófico por ele eleito para estimular sua investigação" (CARVALHO, 2013, p. 13). Isso porque, assevera, foi-se o tempo em que o discurso científico reduzia-se a uma simples coleção de proposições declarativas acerca de seu objeto, tornando-se alvo fácil em face dos primeiros questionamentos, sobretudo daqueles direcionados às bases ou às premissas da pesquisa.

No mesmo sentido, Lenio Luiz Streck (2021, p. 142) destaca que "as posições teóricas que assumimos refletem, muitas vezes, apenas a superfície de um processo compreensivo muito mais complexo". Esse processo compreensivo complexo, segundo Streck (2021), situa-se na dimensão filosófica, em que encontra-se delimitado por determinado horizonte filosófico a partir do qual princípios organizadores são mobilizados para a execução do conhecimento científico. O direito não está imune aos influxos de determinada matriz filosófica, de modo que, observa o autor, são muito comuns teorias jurídicas cujos postulados epistemológicos, vistos mais de perto, "representam apenas a consequência da projeção desse modo de organização – filosófica – do pensamento predominante no interior daquele tempo histórico" (STRECK, 2021, p. 142-143).

Desta feita, nas seções seguintes discorro acerca dos traços principais de cada um desses horizontes filosóficos, de modo que isso possibilite identificar, adequadamente, o horizonte a partir do qual a presente pesquisa é desenvolvida no campo da Ciência do Direito. Esse passo, como já observado, é de fundamental importância mesmo para aquelas investigações de cunho mais pragmático, pois ganham robustez e maior racionalidade quando acompanhadas da devida e necessária explicitação de seu pano de fundo teórico, além de evitar possíveis obscurantismos decorrentes de sincretismos entre correntes teórico-filosóficas que não dialogam entre si.

Quando se trata de direito positivo – artefato cultural constituído por um conjunto de textos positivos válidos num determinado espaço geográfico e num dado tempo histórico –, cuja função primordial, de natureza ôntico-prática, consiste em regular, a partir de normas jurídicas construídas pelos intérpretes, condutas intersubjetivas com vistas a concretizar um conjunto de valores eleitos pela sociedade, essa simbiose entre especulação teórica e prática torna-se inevitável, pois a ciência que lhe toma por objeto insere-se no conjunto das ciências do espírito.

1.2 Filosofia do *ser* (ou horizonte ontológico)

Por filosofia do *ser*, ou horizonte ontológico,[6] designa-se a maneira de pensar que caracterizou, sobremodo, o relacionamento entre os homens e entre estes e o mundo circundante durante o período grego clássico e durante a cristandade medieval (patrística e escolástica). Como exemplo de pensadores cujas produções literárias singularizaram esse horizonte filosófico, cita-se Platão (427-347 a.C.), Aristóteles (384-322 a.C.), Plotino (*c*.205-270 d.C), Santo Agostinho (354-430 d.C.) e Tomás de Aquino (1225-1274 d.C.).

Essa perspectiva filosófica caracteriza-se, principalmente, pela concepção de que existe uma realidade *em si*,

6. Emprega-se, aqui, *ontologia* como sinônimo de *metafísica*, com isso significando a doutrina filosófica que se dedica ao estudo do *ser*; este, por sua vez, entendido como aquilo que *é* e, portanto, existe. Conforme pontua Giovanni Reale, *ontologia*, "enquanto visa à totalidade do ser, ao todo do ser e não apenas a uma parte, corresponde em geral à metafísica". Entretanto, observa o autor que "se quisermos determinar com precisão a relação entre os dois termos, podemos dizer que, *em sentido estrito, a ontologia não implica necessariamente a transcendência, enquanto a metafísica sim*". Assim, vai concluir Giovanni Reale que "toda forma de metafísica é necessariamente ontologia, enquanto nem todas as formas de ontologia são necessariamente metafísica no sentido pleno" (REALE, 2014, p. 188).

norteada por um princípio totalizador para o qual convergem ou do qual derivam todas as coisas. A procura por um princípio primeiro (***Água***, *Infinito*, *Ar*, *Fogo*, ***Átomo***, *Ser*, *Eidos*, *Uno*, *Deus* etc.)[7] que conferisse ordem e racionalidade à realidade era empreendimento filosófico de primeira grandeza.

Essa forma de pensar totalizadora direcionada à unidade e ao todo, de modo a criar uma visão cosmológica da realidade, parte da "pressuposição de que há uma ordem imutável (um 'cosmos'), a partir de onde tudo podia ser compreendido" (AGUIAR, 1999, p. 30). Nesse sentido, e de acordo com Habermas (2002), esse movimento filosófico pode ser resumido a três aspectos, quais sejam: a unidade da filosofia das origens, a equiparação entre ser e pensar e a importância de uma vida guiada pela teoria (o *bios theorétikos*).

Dentro desse horizonte filosófico, o homem (*bios theorétikos*) deve orientar o seu pensar para aquilo que **é** (a realidade *em si*), estando, como todas as outras coisas, condicionado e submetido a essa razão ou ordem cosmológica universal. Platão, no diálogo *A República*,[8] estabelece uma estreita relação entre a alma (*psyché*) do homem e a organização da Cidade-Estado (*polis*), devendo, entretanto, estas duas ordens observar o *cosmo* (***κόσμος***) enquanto ordem racional que tudo unifica. Há, assim, uma realidade *em si*, externa ao homem, que o determina inexoravelmente, de sorte que sua ação e seu conhecimento carecem sempre de "bases universalmente válidas, completamente objetiva, isenta das tendências das paixões e ilusões dos sentidos humanos" (AGUIAR, 1999, p. 31).

---

7. Por exemplo, para Tales de Mileto (Séc. VII a.C.) o princípio-primeiro de todas as coisas era a *água*. Para Anaximandro (Séc. VII a.C.) era o *infinito* (*ápeiron*). Para Anaxímenes (Séc. VI a.C.) era o *ar*. Para Heráclito de Éfeso (Séc. VI-V a.C.) era o *fogo*. Para os Pitagóricos, era o *número*. Para Platão (205-270 d.C.) eram as *ideias* (*eidos*). Para Plotino (205-270 d.C) era o *uno*. Para os escolásticos era *Deus* (REALE, 2009).

8. Cf. *A República*. Tradução de Ana Lia Amaral de Almeida Prado. São Paulo: Martins Fontes, 2006.

A linguagem, nesse contexto filosófico, é concebida como uma faculdade humana, cujo objetivo consiste em representar ou mimetizar (*mimesis*), de modo fiel, a realidade. A linguagem (o *logos*), portanto, é tida como o instrumento por meio do qual o homem pode ter acesso à realidade *em si* (coisas que *são*, como elas *são*). Nesse mesmo sentido, observa Manfredo A. de Oliveira que

> a linguagem sempre foi vista pela tradição como mediação necessária. [...] A tradição de pensamento sempre pressupôs uma isomorfia entre realidade e linguagem: porque há uma essência comum a um determinado tipo de objetos é que a palavra pode designá-los e assim aplicar-se a diferentes tipos de objetos que possuem essa essência (OLIVEIRA, 2015, p. 119-120).

Entretanto, enquanto instrumento humano a linguagem é falível e, por essa razão, nem sempre espelha adequadamente a realidade (aquilo que *é*). Por isso, e por mais que consistisse no único meio de acesso à realidade, a tradição filosófica ocidental nutria, de certo modo, certa desconfiança em relação à linguagem. O próprio deus grego *Hermes*, que sempre esteve atrelado à fala e, portanto, à linguagem, era conhecido como o porta-voz (o *hermeneuta*) da mensagem divina e verdadeira, dado que traduzia (interpretava) a mensagem dos deuses para os homens, mas também era conhecido como o blefador, o ludibriador ou o negociante.[9]

Os grandes debates encenados por Platão, em seus diversos *diálogos,* entre o filósofo Sócrates e os retóricos sofistas evidenciam, de certo modo, as origens dessa desconfiança em relação à linguagem. De um lado, havia a figura do filósofo – representada por Sócrates – que, movida pelo amor à sabedoria, buscava fazer uso da linguagem para alcançar a realidade e a verdade, pois descrever a realidade

9. Por isso, no diálogo *Crátilo* (408a-d), Platão vai apresentar a linguagem como portadora de natureza dupla, tal qual o deus *Pan* (πᾶν) (τὸ), possuindo uma parte verdadeira (divina) e outra falsa (humana).

tal como ela *é* implicava falar ou dizer a verdade. De outro lado, havia os sofistas, a exemplo de Gógias[10] e Protágoras,[11] sem qualquer preocupação com a realidade *em si* (com as coisas como elas *são*), fazendo uso retórico da linguagem tão somente com o objetivo de persuadir e ludibriar/enganar os homens da *polis*.[12] Dentro desse contexto, falar a verdade ou as coisas como elas *são* era o desejo e a busca incessante do filósofo, paradigma do *bios theorétikos*.

Um ponto de nítido exaspero decorrente dessa relação problemática entre linguagem e realidade dentro do pensamento filosófico ocidental clássico foi registrado pelo próprio Platão em seu diálogo *Crátilo* (439a5 – 440 e1), quando, após expor os dramas inerentes à correção dos nomes quanto à representação da realidade, indagando se os nomes (concebidos por um legislador ou *nomoteta*) eram dados por natureza (*phýsis*) ou por convenção (*nómos*), sugeriu, como alternativa, uma busca ou investigação da realidade por ela mesma, prescindindo-se da linguagem.

É compreensível, nesse contexto (horizonte) filosófico, que uma concepção de direito ou de ordem jurídica deságua, inevitavelmente, numa visão de justiça como uma realidade

---

10. Górgias de Leontini (490-380 a.C.) foi um sofista conhecido por sua habilidade oratória, que pregava a relatividade inerente aos negócios humanos, de sorte que o homem é o metro ou a medida de seu próprio mundo. Conta Giovanni Casertano que, em Atenas, quando foi em missão pedir ajuda contra os siracusanos que ameaçavam Leontini, Górgias fez um discurso sobre a oportunidade da aliança, discurso que, pela originalidade da linguagem, aturdiu os ouvintes (CASERTANO, 2010).

11. Protágoras de Abdera (491-? a.C.) foi um dos mais famosos e importantes sofistas do século V a.C., tendo desenvolvido profundos estudos sobre a linguagem. A mais conhecida tese de Protágoras é a do "homem medida", que pregava a relatividade da verdade e de todas as coisas: "De todas as coisas, cada um é medida, daquelas que são como são, daquelas que não são como não são". Conforme Giovanni Casertano, trata-se de tese antidogmática e antimetafísica, pois defende que a "verdade não é algo dado de uma vez para sempre." (CASERTANO, 2010, p. 51).

12. Para um resgate da importância dos sofistas na história do pensamento humano, remetemos o leitor à seguinte obra: BARBARA, Cassin. *O efeito sofístico*. Tradução Ana Lúcia de Oliveira, Maria Cristina Franco Ferraz e Paulo Pinheiro. São Paulo: Ed. 34, 2005.

em si, inerente a uma determinada visão *cosmológica* norteada por um princípio-primeiro unificador. As leis que regem os homens devem, nesse sentido, observar essa ordem cosmológica justa, traço esse característico de uma concepção jusnaturalista, cujo esforço teórico principal consiste em explicitar a problemática relação existente entre *phýsis* (lei dada por natureza) e *nómos* (lei dada por convenção).[13]

Com efeito, a literatura jurídico-filosófica costuma apontar o jusnaturalismo como a corrente teórico-jurídica que procura equalizar *phýsis* e *nómos*. Conforme nos informa Noberto Bobbio (2010, p. 46), "existe uma teoria que *reduz a validade à justiça*, afirmando que uma norma só é válida se é justa; em outras palavras, faz com que a validade dependa da justiça. O exemplo histórico mais ilustre dessa redução é a doutrina do direito natural".

Por trás dessa perspectiva compreensiva do fenômeno jurídico está, como visto, o horizonte da filosofia do *ser* (ou horizonte ontológico), justificando a assertiva de que a validade de uma ordem jurídica se condiciona à capacidade da linguagem dessa ordem jurídica em *mimetizar* ou representar as leis do *cosmo*, que são dadas por vontade externa ao homem (por natureza). Assim, interpretar o direito significa, primeiro, interpretar as leis dadas por uma ordem cosmológica externa ao homem, colocando as leis decorrentes da vontade humana em consonância com as leis do *cosmo*.

1.3 Filosofia da consciência (ou horizonte gnosiológico)

Por filosofia da consciência, ou horizonte gnosiológico, designa-se o modo de pensar que caracterizou, sobremodo, a modernidade a partir do movimento conhecido como

13. No ponto, o dilema se dava entre justiça concebida dentro de uma ordem cosmológica (*phýsis*), externa às vontades e paixões humanas, em detrimento de uma justiça dada convencionalmente (*nómos*) pela vontade humana.

Iluminismo (*Aufklärung*). Autores tais como René Descartes (1596-1650), David Hume (1711-1776) e Immanuel Kant (1724-1804) são ícones desse horizonte filosófico.

No centro de suas teorias filosóficas, sejam elas de cunho empirista (Hume) ou racionalista (Descarte e Kant), está a tentativa de se reposicionar o papel conferido ao homem na sua relação com o mundo. O homem passa a ser o baricentro a partir de então, de modo que "a racionalidade, o fundamento do real, não é mais concebida como algo pertencente às coisas, mas inerente à consciência do homem [...]" (AGUIAR, 1999, p. 31).

Dando destaque à transição da filosofia do ser para a filosofia da consciência, pontua Habermas (2002, p. 22) que "a metafísica surgira como a ciência do geral imutável e necessário; a partir de agora ela só pode encontrar um equivalente numa teoria da consciência, a qual fornece as condições subjetivas necessárias para a objetividade de juízos gerais, sintéticos *a priori*". No mesmo sentido, destaca Luiz Henrique de Araújo Dutra que

> a filosofia moderna, em geral, estava envolvida com o empreendimento de reformar o saber humano. Descartes e os racionalistas tinham esse objetivo. [...] Assim, a reforma do saber, que tanto racionalistas quanto empiristas empreenderam, visava a uma oposição à metafísica e à fundamentação da ciência moderna (DUTRA, 2010, p. 85-86).

Em vez de situar-se na realidade *em si*, externa ao homem, e constituir-se como um todo ordenado por um princípio-primeiro (*cosmo*), a razão se desloca para o homem enquanto ser consciente e autorreferente. Há, a partir desse horizonte filosófico, uma cisão entre o sujeito que pensa (dotado de razão) e o objeto que pode ser pensado e conhecido, de sorte que "a verdade, universal e atemporal, não é 'dada', antes precisa da mediação da consciência humana para exprimir-se como tal" (AGUIAR, 1999, p. 31).

A mudança de perspectiva é radical, pois coloca o homem e sua subjetividade no centro da realidade, de modo que em vez de um "ser" condicionado e determinado por leis racionais do *cosmo*, o homem passa, a partir de então, a determinar o mundo, edificando-o com sua racionalidade. Daí dizer-se que o horizonte da filosofia da consciência tem como traço marcante a cisão entre sujeito, de um lado, e objeto, de outro, mas, mais que isso, num sentido em que o sujeito é quem determina o objeto. Conforme observou Aguiar (1999, p. 31-32), "o homem, visto como sujeito do conhecimento e não mais como mero receptáculo, implicou numa torsão completa da Filosofia. [...] O homem é o novo *substractum*, sujeito a partir do qual tudo mais poderia ser predicado".

Por conferir ao homem a condição de baricentro do universo e a régua que tudo mede, a subjetividade racional e a questão do método científico tornam-se o centro das atenções filosóficas. O *Cogito ergo sum* (penso, logo existo) cartesiano e a transcendentalização kantiana do homem, reduzindo-o à subjetividade racionalizante, são expressões máximas dessa reviravolta filosófica. A busca, dentro desse horizonte filosófico, não é pelo *ser*, *uno*, *totalidade* ou *causa primeira*, mas sim pela explicação de como o sujeito racional conhece a realidade, razão pela qual a preocupação se torna gnosiológica (e, também, epistemológica), em vez de metafísica ou ontológica.

De Descartes a Kant, o enfoque, portanto, é de caráter claramente "psicologista" (DUTRA, 2010). Conforme observa Aguiar (1999, p. 32), Descartes "chama a atenção para a necessidade de um 'método para bem conduzir a razão' (a dúvida metódica) e postula a consciência como o 'porto seguro' a partir do qual tudo é medido (*Cogito ergo sum*)". O mesmo autor vai dizer que Kant, de sua parte, "afirma que a tematização da subjetividade é tarefa básica da Filosofia, uma vez que ela é a condição para todo agir e conhecer" (AGUIAR, 1999, p. 32).

Digna de nota foi a revolução copernicana empreendida por Kant, em suas três Críticas.[14] Se até Kant o sujeito deveria girar em torno do objeto, a partir de Kant o objeto é que deve girar em torno do sujeito cognoscente. Observa Alexandre Fradique Morujão, ao tecer notas introdutórias à *Crítica da razão pura* de Kant (2001, XII), que "a viragem copernicana obriga-nos a orientar no sentido oposto e a voltarmo-nos para o sujeito, procurando neste as faculdades que tornam possível o conhecimento". A principal consequência dessa revolução filosófica foi a dissolução da pretensão em se ter acesso à realidade ou à *coisa em si* (*noumena*). Com isso, Kant fixa os limites da experiência gnosiológica, qual seja: da realidade, só resta ao homem aquilo que é *imanente,* que são os fenômenos (aquilo que é para nós). Aquilo que é transcendente está fora do campo de possibilidade do conhecimento.

Com efeito, em sua *Crítica da razão pura,* dissertando sobre a origem e o conteúdo de nossos conhecimentos na sua Estética Transcendental, Kant vai dizer que "é-nos completamente desconhecida a natureza dos objetos em si mesmos e independentemente de toda receptividade da nossa sensibilidade" (2001, §8, p. 79). Para o filósofo de Königsberg, o que deles – objetos em si mesmos – obtemos são os fenômenos, que nos aparecem e são determinados pela nossa natureza subjetiva e nossas formas de intuição.

> Conhecemos somente o nosso modo de os perceber, modo que nos é peculiar, mas pode muito bem não ser necessariamente o de todos os seres, embora seja o de todos os homens. [...] O espaço e o tempo são as formas puras desse modo de perceber; a sensação em geral a sua matéria. [...] nem o mais claro conhecimento dos fenómenos, único que nos é dado, nos proporcionaria o conhecimento do que os objetos podem ser em si mesmos (KANT, 2001, §8, p. 79).

14. *Crítica da razão pura* (1781), *Crítica da razão prática* (1788) e *Crítica do juízo* (1790).

Também Edmund Husserl (1859-1938), em que pese sua fenomenologia não se enquadrar inteiramente dentro dos cânones da filosofia da consciência, pode ser considerado um herdeiro direto dessa tradição. Husserl parte de uma polêmica com o modo de pensar naturalista (empirista), cuja crença científica professava a possibilidade de, a partir de arcabouços teórico-conceituais previamente concebidos, acessar as coisas no mundo ou o próprio mundo das coisas. Sua fenomenologia, nesse sentido, rejeitava a pretensão naturalista (das ciências naturais) de fornecer uma descrição completa ou exaustiva da realidade.

Conforme observou o próprio Husserl (2006, § 1, p. 33), "o conhecimento natural começa pela experiência e permanece na experiência. Na orientação teórica que chamamos '*natural*', o horizonte total de investigação possível é, pois, designado com *uma* só palavra: o *mundo*". O corolário da orientação científica natural é, segundo Husserl (2006, § 8, p. 43), aquele segundo o qual "[...] de fatos sempre se seguem somente fatos". Assim, a fenomenologia procurou fugir do movimento circular inerente ao modo de pensar naturalista, propondo um retorno às próprias coisas (em carne e osso, como diria Husserl). Para tanto, a fenomenologia não deve partir de uma concepção teórico-filosófica prévia. Ou seja, não se lança mão de doutrinas filosóficas pré-concebidas a fim de balizar pontos de vistas prévios.

A redução fenomenológica de que fala Husserl implica, tal como pregava Kant, uma conversão da atenção do ser cognoscente, passando das "coisas" para os seus "fenômenos". Conforme observa, "em vez, portanto, de viver ingenuamente na experiência e de investigar teoricamente aquilo que se experimenta, a natureza transcendente, efetuamos a 'redução fenomenológica'" (HUSSERL, 2006, § 50, p. 117). Prestar atenção nos fenômenos significa prestar atenção na própria experiência, em vez de se ater àquilo que é experienciado (CERBONE, 2012).

Como meio para tanto, serve-se a fenomenologia de Husserl da *epoché,* que significa colocar entre parênteses ou suspender os juízos acerca do acervo teórico-conceitual, o qual é indutor da convicção em uma ordem naturalística sobre a existência das coisas no mundo e do próprio mundo. Somente a consciência não pode ser submetida à *epoché*, pois ela não precisa de nada mais para existir. Para Husserl, a consciência constitui o mundo.

Esse ponto é fundamental para a circunscrição da relação entre língua e realidade. Conforme foi visto, dentro do horizonte da filosofia do *ser* a linguagem aparece como um mero instrumento que objetiva espelhar, como uma imagem (*mimese*), a realidade *em si*, externa e independente das idiossincrasias do homem. Entretanto, sob a perspectiva da filosofia da consciência essa relação muda substantivamente, sobretudo após a revolução kantiana e a fenomenologia husserliana.

Com a cisão dicotômica entre sujeito e objeto há uma reificação do sujeito em face do objeto, de modo que a linguagem se torna instrumento da razão subjetiva. As próprias noções de conhecimento *a priori* e conhecimento *a posteriori,* bem como as de juízo *analítico* e juízo *sintético* são marcas expressivas dessa relação entre linguagem e o ser racional transcendental.[15] Na esteira de Aguiar (1999, p. 32), como "o sujeito, é, antes de mais nada, um ser racional, capaz de representar e manipular objetos e agir conforme os postulados morais racionais", a subjetividade da razão

15. Kant, em sua *Crítica da Razão Pura*, estabeleceu uma distinção entre conhecimento *a priori* (como aquele adquirido independentemente da experiência) e conhecimento *a posteriori* (como aquele que depende da experiência). Em seguida, fixou a distinção entre juízo *analítico* (como aquele cujo predicado já está contido no sujeito, não acrescentando nada a este) e juízo *sintético* (como aquele cujo predicado acrescenta algo ao sujeito). Daí porque vai afirmar que todos os juízos da experiência são *sintéticos* e *a posteriori*. A razão pura, em Kant, é a ciência cujos princípios conduzem ao conhecimento *a priori*, sendo tal conhecimento transcendental, pois não se ocupa de objetos, mas da maneira de conhecê-los *a priori*.

transcendental, e não mais a realidade *em si*, passa a ser o ponto de referência para a linguagem.

A linguagem deve espelhar o objeto dado e delimitado pela razão subjetiva, refletindo os limites do sujeito transcendental. A linguagem torna-se, assim, instrumento a serviço da razão subjetivamente situada no reino do mundo inteligível, cumprindo a função de descrever ou espelhar uma realidade objetivamente concebida por um sujeito transcendental, que tudo mede e tudo domina por meio do método científico.

Essa relação entre linguagem e realidade evidencia os aspectos psicologista, subjetivista e, até mesmo, solipsista tão marcantes desse horizonte filosófico, aspectos estes que, inclusive, serviram de motivo para as críticas que resultaram no horizonte da filosofia da linguagem. Isso porque "a transcendentalização do homem, isto é, a redução do homem a consciência e razão, sujeito do saber, e sua atomização podem estar na raiz do processo manipulatório que se instalou, de um modo geral, nas sociedades ocidentalizadas" (AGUIAR, 1999, p. 32).

A filosofia da consciência (ou horizonte gnosiológico) compõe o *background* ou o horizonte filosófico das teorias jurídicas denominadas juspositivistas ou jusnormativistas. Se no jusnaturalismo a validade da norma é aferida a partir de sua capacidade em espelhar as leis do *cosmo*, que são justas *per se*, no juspositivismo a validade da norma está associada, em última instância, a uma norma hipotética transcendental, autônoma e atemporal.[16]

A Teoria Pura do Direito de Hans Kelsen talvez seja a maior expressão da tentativa de se trazer para o âmbito da reflexão jurídica o problema do método da Ciência do Direito e da delimitação do seu objeto de pesquisa, o direito

16. Por isso, Lenio Streck (2021) fala que essa perspectiva é acometida por uma espécie de cronofobia e de factumfobia.

positivo, numa clara intenção de circunscrever a relação sujeito-objeto no plano desse ramo do saber. A própria concepção de norma fundamental como um *pressuposto lógico-transcendental* é reflexo da presença da teoria do conhecimento de Kant naquilo que é o pilar da Teoria Pura do Direito de Kelsen.[17] Na esteira de Streck (2021, p. 137), "o que não é compreendido pela expressiva maioria da comunidade jurídica é que o juspositivismo é um paradigma embasado na relação sujeito/objeto e imerso no objetivismo filosófico e/ou na filosofia da consciência [...]".

A hermenêutica jurídica pautada por este paradigma filosófico oscila entre uma concepção objetivista e uma subjetivista. Tercio Sampaio Ferraz Jr. (2021a, p. 141) destaca que "essa distinção entre dois estilos não é meramente acadêmica, mas pode ser vista, por exemplo, na polêmica entre os adeptos da *mens legis* (objetivistas) e da *mens legislatoris* (subjetivistas) na captação do sentido da lei".[18]

A concepção objetivista é aquela que equaliza norma e texto, numa visão ingênua que conduz à compreensão de que o texto da lei, deslocado do espaço e do tempo, porta consigo o sentido a ser descoberto pelo exegeta, caracterizando aquilo que se costuma denominar por "vontade da lei" (*voluntas*

---

17. O próprio Kelsen declara essa influência da filosofia transcendental de Kant em sua Teoria Pura, afirmando que "na medida em que só através da pressuposição da norma fundamental se torna possível interpretar o sentido subjetivo do fato constituinte e dos fatos postos de acordo com a Constituição como seu sentido objetivo, quer dizer, como normas objetivamente válidas, pode a norma fundamental, na sua descrição pela ciência jurídica – e se é lícito *per analogiam* um conceito da teoria do conhecimento de Kant –, ser designada como a condição lógico-transcendental desta interpretação" (KELSEN, 2009, p. 225).

18. No mesmo sentido, Streck (2021, p. 135) afirma ser "[...] possível observar que o juspositivismo (em suas mais variadas faces) se fundou na relação moderna sujeito-objeto, alternando entre objetivismo e subjetivismo [...]". Segundo o autor, é positivista tanto a postura cognoscente que equaliza texto e norma sob a perspectiva dicotômica sujeito x objeto, quanto a perspectiva cognoscente que os consideram como duas instâncias descoladas entre si. O que torna essas duas perspectivas positivistas é o elevado grau de arbitrariedade solipsista (ou discricionariedade), associado à ausência de uma teoria da interpretação (STRECK, 2021).

legis). Há, aqui, o predomínio de uma semântica formal, limitada à função representativa da linguagem, cujo foco está na forma gramatical dos vocábulos, atribuindo-se "[...] à linguagem um *status* independente das intenções e representações dos sujeitos falantes" (HABERMAS, 2002, p. 109).

A concepção subjetivista, por sua vez, é aquela que equaliza norma com a vontade de seu emissor, pautada por uma visão "psicologizante" de que o papel do exegeta consiste em retratar fielmente a vontade do legislador (*voluntas legislatoris*). O predomínio, aqui, é de uma semântica intencionalista, em que se "[...] considera fundamental apenas aquilo que o falante tem em mente numa determinada situação através da expressão empregada" (HABERMAS, 2002, p. 106). Isso porque o sentido ou a norma jurídica é aquilo que o legislador (emissor) intencionou conferir ao texto, sendo a tarefa principal da hermenêutica aplicar técnicas que possibilitem acessar a mente do legislador e descobrir sua vontade.

Em face dessas duas posições, vai dizer Ferraz Jr. que

> levando ao extremo exagerado, podemos dizer que o subjetivismo favorece o autoritarismo ao privilegiar a figura do legislador, pondo sua vontade em relevo. [...] Por sua vez, o objetivismo igualmente levado ao exagero favorece um certo anarquismo, pois estabelece o predomínio de uma equidade duvidosa do intérprete sobre a própria norma, ou, pelo menos, desloca a responsabilidade do legislador na elaboração do Direito para o intérprete, ainda que um intérprete legalmente constituído, chegando-se a afirmar, como o fazem os realistas americanos, que é Direito aquilo que os tribunais decidem (FERRAZ JR., 2021a, p. 141-142).

A clara demarcação desse horizonte filosófico é de fundamental importância para a presente pesquisa, pois permitirá, desde já, e ainda que por exclusão, a delimitação das premissas que nortearão todo o trabalho, evitando mal-entendidos acerca dos fundamentos eleitos.

Primeiro porque a filosofia da consciência ainda é o substrato filosófico predominante na pesquisa jurídica brasileira.

Conforme observa Streck (2021, p. 72), "no interior do senso comum teórico dos juristas, consciente ou inconscientemente, o horizonte a partir de onde se pode e deve pensar a linguagem ainda é o do sujeito isolado (ou da consciência do indivíduo) – que tem diante de si o mundo dos objetos e dos outros sujeitos[...]".[19]

Segundo porque o horizonte filosófico que sustenta o presente trabalho assenta-se na filosofia da linguagem (*linguistic turn*), a partir do que foi possível operar uma mudança radical no campo da hermenêutica filosófica, sobretudo com Martin Heidegger e Hans-Georg Gadamer, cuja fecundidade para a teoria e a prática no campo do direito fez-se sentir de modo profícuo, uma vez que criou os fundamentos para aquilo que Paulo de Barros Carvalho (2013) chamou de tomada de posição analítico-hermenêutica em face do direito.

1.4 Filosofia da linguagem (ou *linguistic turn*)

Por horizonte da filosofia da linguagem designa-se o modo de pensar predominante na contemporaneidade, redefinindo como os homens se relacionam entre si e com o mundo que os cerca. Nasce com o movimento filosófico iniciado a partir do século XX – dois séculos, portanto, após a revolução kantiana –, conhecido como "giro linguístico" ou "filosofia da linguagem", sobretudo na vertente que passou a ser chamada de filosofia da linguagem ordinária.[20] Conforme explica Habermas,

---

19. Em face disso, vai sustentar, acertadamente, Streck (2021, p.72) a assertiva segundo a qual no cenário jurídico brasileiro "a linguagem ainda tem um caráter secundário, *como terceira coisa que se interpõe entre sujeito e objeto, enfim, uma espécie de instrumento ou veículo condutor de essências e corretas exegeses dos textos legais*".

20. Dentro do movimento filosófico considerado como "giro linguístico", há uma vertente que passou a ser chamada de filosofia da linguagem, estando seus adeptos mais preocupados com a estrutura lógico-sintática da linguagem e de como se daria a representação do mundo por meio dessa estrutura; e outra vertente que passou a ser chamada de filosofia da linguagem ordinária, em que questões de ordem pragmática, atreladas ao uso cotidiano da linguagem, ganharam proeminência.

> no decorrer do século XIX generaliza-se a crítica contra a reificação e a funcionalização de formas de vida e de relacionamento, bem como contra a autocompreensão objetivista da ciência e da técnica. Estes motivos desencadeiam a crítica aos fundamentos de uma filosofia que comprime tudo nas relações sujeito-objeto. A mudança de paradigma da filosofia da consciência para a filosofia da linguagem situa-se precisamente neste contexto (HABERMAS, 2002, p. 43).

O que caracteriza esse horizonte filosófico é a centralidade que a linguagem alcança no plano da reflexão filosófica. Assim, se na filosofia do ser o interesse especulativo estava voltado para a realidade *em si* (una e imutável) e se na filosofia da consciência a atenção foi redirecionada para a razão do sujeito transcendental, na filosofia da linguagem, por seu turno, a própria linguagem tornou-se o objeto central das preocupações filosóficas.

Segundo Oliveira (2015, p. 13), "a reviravolta linguística do pensamento filosófico do século XX se centraliza, então, na tese fundamental de que é impossível filosofar sobre algo sem filosofar sobre a linguagem, uma vez que esta é momento necessário constitutivo de todo e qualquer saber humano [...]". Isso implica dizer, segundo o mesmo autor, que aquilo que se considera "mundo" se expressa na linguagem, de modo que aquele não existe independentemente desta.

Entre os pensadores que marcaram esse movimento na sua fase inicial, importa conferir destaque a Bertrand Russell (1872-1970) e a Ludwig Wittgenstein (1889-1951) do *Tractatus Logico-Philosophicus*, cujas ideias forjaram a base do positivismo lógico-linguístico que tanto caracterizou os pensadores do "Círculo de Viena"[21]. No mesmo sentido, vai

---

21. Conforme relata Allan Janik Stephen Toulmin (1991, p. 253), "Durante os anos cruciais de meados da década de 1920, quando o positivismo lógico do Círculo de Viena estava adquirindo forma, os filósofos e cientistas envolvidos respeitavam profundamente a autoridade de Wittgenstein e de seu *Tractatus*". Discorrendo sobre a formação do Círculo de Viena, observa Paulo de Barros Carvalho (2013, p. 22) que "desde os idos de 1907, Hans Hahn, Phillipp Frank e Otto Neurath encontravam-se,

dizer Dutra (2010, p. 144-145) que "a mudança de perspectiva, passando do psicologismo dos filósofos modernos para a perspectiva linguística, se deu por influência exatamente de autores como Russell e Wittgenstein e de seguidores de suas ideias, tal como os autores ligados ao Círculo de Viena."

A preocupação teórica central desses autores, em específico a de Wittgenstein do *Tractatus Logico-Philosophicus*, consistiu em depurar a linguagem de suas imperfeições, que decorriam, sobretudo, de tentativas em se falar sobre questões metafísicas, religiosas, éticas e estéticas, por exemplo. Observa, nesse sentido, David Pears (1973, p. 39) que "Wittgenstein desejava marcar os limites absolutos da linguagem, tal como Kant desejava marcar os limites absolutos do pensamento". Isso porque a fixação dos limites da linguagem era a batalha travada por Wittgenstein contra o enfeitiçamento do intelecto, que surge principalmente quando a filosofia tenta avançar para além da experiência possível (PEARS, 1973).

Com efeito, para Wittgenstein "Toda filosofia é 'crítica da linguagem'" (*Tractatus*, 4.0031, 2010, p. 165). Sua tese central é de que a linguagem *figura* o mundo, de sorte que o empreendimento filosófico de elucidar a linguagem tem por fim último fixar os limites do mundo, ou daquilo que pode ser dito sem se incorrer em disparates. Daí a famosa frase de Wittgenstein, afirmando que "*Os limites de minha linguagem* significam os limites de meu mundo" (*Tractatus*,

---

constantemente, num determinado café vienense, com o objetivo de trocar ideias a respeito de temas ligados à Filosofia da Ciência. Entretanto, foi com a vinda de Moritz Schlick para a capital austríaca, transferindo-se de Kiel, nomeado para ocupar a cátedra de Filosofia das Ciências Indutivas, que se pôde reconhecer, efetivamente, a gênese do chamado "Círculo de Viena". Schlick obtivera o doutoramento em Berlim, com tese sobre Óptica teórica, orientado por Max Planck. Iniciou seu magistério em Viena em 1922, mas logo no ano seguinte coordenava um seminário, no seio do qual surgiu o famoso grupo de debates, integrado por filósofos e cientistas dos mais variados campos e dotados, todos eles, de inusitado interesse por temas epistemológicos, passando a reunir-se, com habitualidade, às senoites das quintas-feiras".

5.6, 2010, p. 165). A partir de então, a questão epistemológica torna-se um problema exclusivo da linguagem.

Numa segunda fase, conhecida como filosofia da linguagem ordinária, em que o aspecto pragmático da linguagem assume relevo, citam-se os trabalhos de autores como o próprio Wittgenstein, das *Investigações Filosóficas*; John Langshaw Austin (1911-1960); Martin Heidegger (1889-1976) e Hans-Georg Gadamer (1900-2002). Nesta fase, observa Habermas (2002, p. 43) que "a inserção das realizações teóricas em seus contextos práticos de formação e de aplicação desperta a consciência para a relevância dos contextos cotidianos do agir e da comunicação. Através do esboço do *pano de fundo do mundo vital*, estes atingem, por exemplo, o nível filosófico".

Tomando como exemplo a contribuição de Wittgenstein, pode-se dizer que enquanto no *Tractatus* sua preocupação era fixar os limites externos da linguagem, delimitando a fronteira entre o que pode ser dito e o inefável, nas *Investigações Filosóficas* a preocupação volta-se para as fronteiras internas da linguagem, ressaltando a importância das "regras do jogo" e das "semelhanças de famílias" existentes na linguagem, cuja inobservância resulta igualmente em absurdos linguísticos.

Essa segunda fase do giro linguístico evidencia, nitidamente, o ponto de inflexão entre a filosofia da consciência e a filosofia da linguagem, que reside na mudança de perspectiva do sujeito para os sujeitos. Enquanto na filosofia da consciência impera a perspectiva do observador, inerente à relação dicotômica entre sujeito e objeto; na filosofia da linguagem impera a perspectiva do(s) participante(s) enquanto usuário(s) competente(s) da linguagem, inserto(s) num determinado contexto de fala.

Assume primeiro plano a intersubjetividade em contextos de diálogo, em detrimento de construções derivadas de um sujeito teórico e isolado. Ou seja, "o sujeito passa a ser concebido dessa forma na medida em que é capaz não de elaborar modelos e teorias a serem aplicadas, mas, sim, de agir como ser falante, capaz de articular suas pretensões num ambiente onde nenhuma posição tem, de antemão, o estatuto de absoluta" (AGUIAR, 1999, p. 33).

Sai de cena, portanto, a subjetividade isolada e atemporal de um sujeito transcendental, para abrir espaço ao sujeito considerado em sua finitude, situado histórica e culturalmente. Migra-se, assim, de uma condição humana caracterizada pela racionalidade subjetiva, para uma condição humana caracterizada pela hermenêutica. Em vez de métodos para análise, a distância, do mundo objetivo (perspectiva do observador), privilegia-se a situação hermenêutica dos sujeitos em situações reais de fala (perspectiva dos participantes). Em vez de uma linguagem em terceira pessoa, adota-se uma linguagem em primeira ou segunda pessoa. Enfim, em vez da busca por explicação, tão comum nos demais horizontes, busca-se por compreensão/interpretação.

Resulta disso que "apontar a linguagem como articuladora das categorias para se pensar o real, significa pensar uma maneira de filosofar sem ponto fixo, sem critérios absolutos, sem ponto arquimediano" (AGUIAR, 1999, p. 33). Pears (1973, p. 171), importante estudioso das obras de Wittgenstein, destaca que a "doutrina da fase posterior do pensamento de Wittgenstein é a de que, fora do pensamento e da fala humanos, não há pontos de apoio objetivos, independentes, sendo que o significado e a necessidade apenas se mantêm nas práticas linguísticas que os incorporam".

Jogado no mundo e imerso num contexto histórico-cultural, o homem participa, em sua finitude, de comunidades linguísticas e, por sua vez, de "jogos de linguagem", o que tem o condão de configurar formas de vida e forjar mundos. Na esteira de Flusser (2007, p. 50), nessa perspectiva "a sociedade é real como conversação, e o homem é real como intelecto participando dessa conversação". Por isso que, para Flusser (2007), realidade e verdade são aspectos da linguagem.

Desta feita, a relação dicotômica entre linguagem e realidade assume outros contornos. Não há, dentro do horizonte da filosofia da linguagem, aquilo que se considera mundo, de um lado, e a linguagem, de outro. Essa dicotomia é, assim, deixada de lado (dissolvida), de modo que língua e realidade são surpreendidas como coisas indissociáveis (como uma coisa só, melhor dizendo). Isso explica a afirmação de Heidegger (2014, p. 191), segundo a qual "o homem é na e pela linguagem, pois sempre pertence à linguagem [...] a essência do homem repousa na linguagem".

Sendo tudo linguagem, a hermenêutica torna-se, por excelência, a ciência da compreensão e da interpretação. Ao fim e ao cabo, há somente intérpretes participantes de jogos de linguagens, que, por meio do processo hermenêutico (compreensão, interpretação e aplicação), constroem sentidos consensualmente e, com isso, realidades.

Essa inflexão no modo de fazer filosofia e compreender a realidade através das lentes da filosofia da linguagem é de suma relevância para a compreensão do fenômeno jurídico em tempos hodiernos. Conforme observa Paulo de Barros Carvalho (2013, p. 161), "após o 'giro-linguístico', passou-se a exigir o próprio conhecer da linguagem, condição primeira para a apreensão do objeto. Eis o resultado desta transposição de sistemas referenciais". Na perspectiva desse autor, "ainda que o asserto não chegue às raias do absoluto, podemos tomar como pressuposto que a realidade, e, dentro dela, a realidade social, é constituída pela linguagem (linguagem social, digamos)" (CARVALHO, 2015, p. 37).

A premissa de que "a realidade é tudo o que acontecer e somente acontece aquilo que é registrado pela linguagem" (CARVALHO, 2013, p. 152) leva a intuir que "a linguagem natural está para a realidade em que vivemos (realidade social), assim como a linguagem do direito está para a realidade jurídica" (CARVALHO, 2013, p. 227). Isso porque, tal como acontece com a linguagem natural em relação à realidade social, também "a linguagem do direito cria o domínio do jurídico, isto é, o campo material das condutas intersubjetivas, dentro do qual nascem, vivem e morrem as relações disciplinadas pelo direito" (CARVALHO, 2013, p. 227).

É que para o Constructivismo Lógico-Semântico, cujas premissas teórico-metodológicas encontram-se assentadas no horizonte da filosofia da linguagem, a compreensão central do saber jurídico reside na premissa primeira de que o direito é linguagem. Por isso vai dizer Paulo de Barros Carvalho (2013, p. 162) que, neste contexto, "nos dias atuais seja temerário tratar do jurídico sem atinar a seu meio exclusivo de manifestação: a linguagem". O direito, nas palavras do autor, consiste num bem cultural que se manifesta em linguagem na sua função prescritiva, cuja função primordial não é outra, senão "orientar as condutas inter-humanas, no sentido de propiciar a realização de valores caros aos sentimentos sociais, num determinado setor do tempo histórico [...]" (CARVALHO, 2013, 162).

No mesmo sentido, Gregorio Robles, ao assentar as bases de sua Teoria Comunicacional do Direito, vai dizer que "para realizar a investigação intrínseca temos que saber no que consiste a essência do direito, qual é a sua natureza íntima e profunda sem a qual não é possível sua compreensão. Nossa resposta é esta: *o direito é linguagem*" (ROBLES, 2005, p. 47, grifos nossos). Trata-se, com os devidos temperamentos, de reduzir o direito à linguagem ou, conforme afirma Robles (2005), de assumir que o *ser* do direito é linguagem.[22]

---

22. Importa esclarecer que os temperamentos decorrem do fato de que essa premissa não implica uma posição ontológica forte em relação ao direito, tampouco uma tentativa de hipostasiar o direito em teses essencialistas, mas tão somente assumir, na esteira de Wittgenstein (1994), que a afirmação de que o *direito é linguagem*

A premissa de que *direito é linguagem* é tomada como esteio para o desenvolvimento deste trabalho, situando suas pretensões dentro desse horizonte filosófico. Com ela, demarca-se fronteira clara em relação, por exemplo, a posições teóricas que tomam o direito como um objeto (*coisa em si*) e a linguagem como o meio ou o instrumento para abordagem e descrição desse objeto. Parafraseando Heidegger (2014), partir da premissa de que direito é linguagem significa assumir que o direito, juntamente com outros jogos de linguagem, compõe a estrutura da "casa do ser", na qual habita o homem enquanto homem. Não há, nesse sentido, uma realidade objetivada e externa ao direito, sobre a qual este incide, tampouco o direito é algo externo à linguagem, por meio da qual se manifesta descritivamente.

Na esteira de Paulo de Barros Carvalho (2013, p. 161), "postula-se agora do intérprete muito mais que concepções subjetivistas (em que se focaliza o sujeito) ou doutrinas objetivistas (nas quais há o privilégio para o conhecimento do objeto)". Isso porque, complementa o autor, "tais cortes cognitivos causavam mudanças no modo de aproximação do intérprete tendo em vista a aquisição do conhecimento" (CARVALHO, 2013, p. 161). A percepção do direito a partir do horizonte filosófico da linguagem abre espaço, portanto, para uma nova perspectiva hermenêutica do fenômeno jurídico, pois implica, segundo Streck (2021), acessar o fenômeno jurídico para além do velho exegetismo.

Assim, em vez de exegeses calcadas na relação dicotômica sujeito x objeto – em que posturas cognoscentes de viés objetivista (que equipara texto e norma) ou subjetivista (arbitrariedade solipsista) pautam a atitude do hermeneuta –, adota-se, a partir de então, uma exegese calcada na relação sujeito x sujeito, dada na e pela linguagem, que, por sua

---

significa tomá-lo como um jogo de linguagem com suas regras próprias, capaz de configurar mundos e forjar formas de vida.

vez, molda e é moldada (*diacronia* e *sincronia*) por determinado contexto histórico-cultural, em que os sujeitos (intérpretes) colocam em jogo seus pré-conceitos travestidos em linguagem, na busca por consenso hermenêutico acerca do mundo e das coisas.

Capítulo II

FILOSOFIA HERMENÊUTICA *PRÉ* E *PÓS* GIRO LINGUÍSTICO

2.1 Horizontes filosóficos e hermenêutica

No capítulo anterior, vimos como a concepção filosófica predominante dentro de um arco histórico, denominado de horizonte filosófico, relaciona-se com determinado "modo de vida" ou visão de mundo, delimitando como posições ontológicas e gnosiológicas são fixadas por meio da relação entre língua e realidade. Foi visto, também, como, a partir da relação entre língua e realidade, os horizontes da filosofia do *ser*, da consciência e da linguagem forjam, cada um a seu modo, a arquitetura mental e linguística por meio da qual torna-se possível circunscrever questões referentes àquilo que se considera por "realidade" e, bem assim, como conhecê-la.

Nesse sentido, demarcar o horizonte filosófico no interior do qual se mobiliza uma posição gnosiológica em relação à realidade, significa, em última instância, colocar em evidência toda a estrutura compreensiva que se tem dessa realidade. Ou seja, posturas compreensivas da realidade atrelam-se, necessariamente, à noção de horizonte filosófico, de modo que, ao fim e ao cabo, uma determinada perspectiva hermenêutica justifica-se em razão de um horizonte filosófico ao qual esteja atrelada.

Este capítulo objetiva circunscrever essa relação entre hermenêutica e horizonte filosófico, de modo que, ao final, sejam criadas as condições teóricas para uma compreensão do fenômeno jurídico com base na filosofia da linguagem. Dito de outro modo, após uma breve investigação sobre filosofia hermenêutica, associada à noção de horizonte filosófico, espera-se, ao final deste capítulo, mostrar que a premissa de que direito é linguagem implica, necessariamente, uma hermenêutica jurídica apropriada ao horizonte filosófico da linguagem, com todas as consequências que isso traz consigo.

2.1.1 Hermenêutica: notas introdutórias

A raiz etimológica da palavra hermenêutica vem do termo grego '*hermeneuein*' e, em seu berço, encontra-se relacionada ao deus grego *Hermes*. Em Platão (*Crátilo*, 408a-d), por exemplo, a etimologia da palavra *hermeneuein* aparece como derivada do nome *Hermes*, atribuído ao deus intérprete e mensageiro, cuja missão divina consistia em traduzir o discurso (*logos*) dos deuses, a fim de torná-lo compreensível aos humanos. O *logos* verdadeiro dos deuses chegava aos ouvidos e corações dos homens sempre por meio de uma tradução, decorrente de uma interpretação. Razão pela qual a palavra *hermeneuta* relaciona-se à fala daquele que é mensageiro, mas que também negocia, ludibria e blefa por meio das palavras, pois aquilo que foi traduzido aos homens pode não corresponder ao que originalmente foi dito pelo *logos* divino.[23]

23. Interessante notar que a hermenêutica a partir de Heidegger e Gadamer vai remontar essa matriz histórica, o que possibilita a percepção de que hermenêutica é

Afastando-se de sua origem quase mitológica, a expressão "hermenêutica" passou a ser relacionada, do ponto de vista histórico, com a arte de interpretar textos corretamente. Esse pano de fundo histórico fixou os cânones para a concepção de hermenêutica como um conjunto de técnicas ou métodos de bem interpretar textos específicos. Como consequência dessa tradição histórica, observa Schmidt (2014, p. 15) que, além de versar sobre teorias para interpretar textos corretamente, "parece que o tipo de texto a ser interpretado também condiciona a interpretação". Isso porque, segundo o autor:

> desde a antiguidade, as teorias da interpretação foram desenvolvidas para várias disciplinas específicas. A hermenêutica legal se preocupava com a interpretação correta da lei, e com sua codificação para evitar interpretações incorretas. A hermenêutica bíblica desenvolveu regras para a interpretação correta da Bíblia. No Renascimento, a hermenêutica filológica cresceu e se concentrou em interpretar os clássicos (SCHMIDT, 2014, p. 19).

São essas, portanto, as raízes históricas de técnicas hermenêuticas vocacionadas à interpretação de textos específicos, tais como: os textos clássicos, no campo da filologia/filosofia; os textos bíblicos, no universo da religião; e os textos jurídicos, nas cercanias do direito. Também Hans-Georg Gadamer (1997, p. 460), em *Verdade e método*, vai dizer que "a história da hermenêutica nos ensina que junto à hermenêutica *filológica* existiram também uma *teológica* e outra *jurídica*, e que somente as três juntas comportam o conceito pleno de hermenêutica".

Em certa medida, pode-se afirmar que os estudos atuais de hermenêutica jurídica e das práticas discursivas dentro do jogo de linguagem do direito ainda estão fortemente impregnados por esse paradigma histórico, o qual

---

uma questão existencial (do ser-aí no mundo), atrelada à linguagem, e não uma questão de método ou de emprego de técnicas.

reflete, em menor medida, o horizonte da filosofia do *ser* como pano de fundo e, em maior medida, os influxos da filosofia da consciência.

Com efeito, em tempos hodiernos não é incomum, no plano da ciência do direito ou mesmo no plano do direito positivo,[24] a concepção de hermenêutica como um conjunto de técnicas ou métodos de interpretação de textos jurídicos. Na esteira das lições de Ferraz Jr. (2021a, p. 138, grifos do autor), "daí a elaboração de quatro técnicas: a *interpretação gramatical*, que procurava o sentido vocabular da lei; a *interpretação lógica*, que visava o seu sentido proposicional; a *sistemática*, que buscava o sentido global; e a *histórica*, que tentava atingir o seu sentido genético".

Por meio dessas técnicas interpretativas, pretendem seus defensores denotar o sentido do texto, mostrando a norma jurídica contida explícita ou implicitamente nas sentenças constitutivas do plano textual, que, por sua vez, emana ou da vontade do legislador (*voluntas legislatoris*) ou da vontade da lei (*voluntas legis*). Reunidas sob a forma de uma doutrina da interpretação ou dogmática hermenêutica, tais técnicas consubstanciam clara tentativa de se hipostasiar o sentido do texto, antecipando as consequências das normas jurídicas antes mesmo de sua incidência sobre a realidade. Na esteira de Ferraz Jr.,

> a hermenêutica jurídica é, assim, uma forma de pensar dogmaticamente o direito, que permite, mediante a atribuição de sentido (ou descoberta: ora da vontade do legislador – *voluntas legislatoris* –, ora da vontade da lei – *voluntas legis*), uma espécie de controle das consequências possíveis de sua incidência sobre a realidade *antes que elas ocorram*. Ou seja, *interpretar* é atividade que *precede* a atividade de *aplicar* (FERRAZ JR., 2014, XIII).

24. A esse respeito, os arts. 107 a 112 do Código Tributário Nacional (Lei 5.172/1966) são bastante ilustrativos.

Contudo, e conforme aponta Gadamer (1997), a partir do século XIX a filosofia hermenêutica experimenta transformações em sua proposta instrumental inicial, passando da condição de técnicas aplicadas a disciplinas específicas para servir de fundamento às ciências do espírito, elevando-se para além de seu objetivo pragmático original. Isso porque, observa Gadamer,

> não é somente a tradição literária que representa um espírito alienado e novo, necessitado de uma apropriação mais correta, mas, antes, tudo que já não está de maneira imediata no seu mundo e não se expressa nele, e para ele, junto com toda tradição, a arte, bem como todas as demais criações espirituais do passado, o direito, a religião, a filosofia etc., encontram-se despojadas de seu sentido originário e dependentes de um espírito que as faça aflorar [...], espírito que, de acordo com os gregos, chamamos de Hermes, o mensageiro dos deuses. É a *gênese da consciência histórica*, a que a hermenêutica deve uma função central, no âmbito das ciências do espírito (GADAMER, 1997, p. 263).

Esse passo foi fundamental para a hermenêutica ontológico-analítica (ou círculo hermenêutico-ontológico),[25] que se desenvolveu posteriormente com Martin Heidegger e Hans-Georg Gadamer, pois implicou assumi-la não mais como um conjunto de técnicas à disposição do intérprete, a fim de tornar possível a extração do sentido embutido num texto específico e que lhe foi conferido pelo seu autor originário, mas como uma condição existencial humana, no sentido de que "há hermenêutica porque o homem é hermenêutico, isto é, finito e histórico, e isso marca o todo de sua experiência no mundo" (OLIVEIRA, 2015, p. 225).

O giro linguístico (*linguistic turn*) – ou o advento do horizonte filosófico da linguagem – foi fundamental para o desenvolvimento de uma filosofia hermenêutica concebida

25. O caráter ontológico, aqui, advém da constatação de que "nós somos, enquanto seres humanos, entes que já sempre se compreendem a si mesmos e, assim, o compreender é um existencial da própria condição humana, portanto, faz também parte da dimensão ontológica [...]" (STRECK, 2021, p. 253).

como existencialidade (condição humana de primeira ordem), pois, junto com a fenomenologia da facticidade de Martin Heidegger, criou as condições para a ruptura com o esquema sujeito-objeto, típico da filosofia da consciência.

A hermenêutica, a partir de então, torna-se condição existencial que pressupõe, inevitavelmente, compreensão, interpretação e aplicação, enquanto estruturas prévias indissociáveis entre si. Ou seja, interpretar não significa mais aplicar um conjunto de técnicas por agentes autorizados pelo sistema com vistas a descobrir o sentido do objeto, mas, sim, em inevitável condição imposta ao homem em face da realidade que o cerca, que se processa na e pela linguagem.

Nos termos em que restou consignado linhas acima, o desenvolvimento deste capítulo tem como propósito primeiro apontar as deficiências de uma tradição em filosofia hermenêutica calcada na cisão entre sujeito e objeto (filosofia da consciência), mas que, infelizmente, ainda predomina no âmbito da hermenêutica jurídica nacional. Conforme destacado por Lenio Luiz Streck,

> mais contemporaneamente, a dogmática jurídica vem apostando no paradigma epistemológico que tem como escopo o esquema sujeito-objeto, no qual um sujeito observador está situado em frente a um mundo, mundo este por ele "objetivável e descritível", a partir de seu *cogito* (filosofia da consciência). Acredita-se, pois, na possibilidade da existência de um sujeito cognoscente, que estabelece, de forma objetificante, condições de interpretação e aplicação. *O jurista, de certo modo, percorre a antiga estrada do historicismo.* Não se considera já e sempre no mundo, mas, sim, considera-se como estando-em-frente-a-esse-mundo, *o qual ele pode conhecer, utilizando-se do "instrumento" (terceira coisa) que é a linguagem jurídica...!* (STRECK, 2021, p. 119, grifos do autor).

A razão para tal estado de coisas decorre, segundo Streck (2021, p. 76), da circunstância de que "os juristas não se deram conta do fato de que '*o Direito é linguagem e terá de ser considerado em tudo e por tudo como uma linguagem*'". O senso comum predominante no imaginário jurídico manifesta-se em práticas concretas, que revelam preconceitos ou pré-juízos de uma razão objetivadora, que tudo reduz, tudo simplifica e tudo esquematiza, ao ponto de resultar numa banalização racional institucionalizada.

Em seguida, busca-se, neste capítulo, demonstrar que, a partir da reviravolta linguístico-pragmática no pensamento filosófico e, por sua vez, com o advento da filosofia hermenêutica contemporânea, sobretudo a de matriz gadameriana, não faz mais sentido separar interpretação e aplicação do direito, separação essa que, segundo Ferraz Jr. (2020, p. 58), remonta ao século XIX, em que "a hermenêutica jurídica, vista como atividade de *interpretar*, seria atividade que *precederia* a atividade de *aplicar*". Mais do que isso, busca-se conceber a hermenêutica jurídica como um círculo virtuoso, composto por compreensão, interpretação e aplicação enquanto estruturas prévias e indissociáveis entre si, com todas as consequências que isso implica para a Teoria Geral do Direito e para as práticas ou vivências jurídicas cotidianas.

A proposta não nos parece nem um pouco trivial, requerendo adequado tratamento teórico. Desse modo, não há como estabelecer um panorama do estado da arte concernente à hermenêutica filosófica e suas respectivas implicações para o direito, apontando, em face do estágio civilizatório em que se encontra a comunidade linguístico-jurídica, seus gargalos, desafios e possíveis caminhos no altiplano da Teoria Geral do Direito e, porque não dizer, da filosofia do direito, sem, mesmo que brevemente, traçarmos uma retrospectiva do caminho teórico-filosófico que nos conduziu até aqui. Somente assim teremos condições de exercitar uma reflexão de cunho crítico-constructivista.

2.2 A hermenêutica geral de Schleiermacher

Friedrich Ernst Daniel Schleiermacher (1768-1834) aparece como o primeiro filósofo a propor uma teoria hermenêutica geral, colocando-se, segundo Schmidt (2014, p. 25), "como o proponente de uma nova hermenêutica geral, ou universal, que unificaria e apoiaria as disciplinas particulares da hermenêutica legal, bíblica e filológica". No mesmo sentido, observa o jurista alemão Ulrich Schroth (2002, p. 381) que, "em geral, é em Schleiermacher que se localiza a origem da mais recente discussão sobre hermenêutica filosófica".

A tese central de Schleiermacher consiste em conceber a hermenêutica, enquanto teoria geral, como a "arte de compreender". Essa arte envolve uma parte linguística e outra parte psicológica, pois o objetivo da hermenêutica consistiria em buscar compreender, a partir da linguagem textual (de textos escritos), o autor melhor que si mesmo, reconstruindo seu pensamento original. Para tanto, o intérprete deve transitar, circularmente, da parte para o todo textual e do todo para a parte, até fazer brotar a compreensão reveladora da intenção original do autor. Trata-se do *círculo hermenêutico* concebido por Schleiermacher. Conforme Schroth,

> Schleiermacher concebia a hermenêutica geral como a disciplina que, ao invés de se ocupar das técnicas de interpretação, lidava com a <<compreensão>> subjacente a essas técnicas. [...] A compreensão tinha, em Schleiermacher, duas vertentes: por um lado, o intérprete tem de se colocar no lugar da psique do autor; por outro, cabe-lhe reconstruir o texto como nexo linguístico. A totalidade do texto e suas partes têm de ser postos em correspondência pelo intérprete (círculo hermenêutico) (SCHROTH, 2002, p. 382).

Surge, assim, com Schleiermacher, a ideia de cunho psicológico (ou subjetivista), segundo a qual a interpretação tem por objetivo geral compreender a intenção original do autor expressa no texto. Vai dizer Schroth (2002, p. 382) que, "segundo Schleiermacher, quando a interpretação do texto é bem-sucedida, o intérprete compreende o autor melhor do que este compreende a si mesmo". Gadamer (1997, p. 266), no mesmo sentido, afirma que a hermenêutica de Schleiermacher "se orienta para a recuperação do 'ponto de conexão' com o espírito do artista, que é o que deve fazer inteiramente compreensível o significado de uma obra de arte; procede como, fora isso, o faz ante textos, procurando reproduzir o que foi a produção original do autor". Trata-se, sob esse aspecto, de uma hermenêutica fundamentalmente reconstrutiva, pois objetiva reconstruir a tradição, recuperando suas condições originárias.

As influências da teoria hermenêutica geral, inaugurada por Schleiermacher, na dogmática jurídica e nas práticas jurídicas cotidianas ainda são muito evidentes nos dias de hoje. Situa-se, nesse contexto, a afirmação de que o texto da lei traz consigo a vontade ou a intenção original do legislador (*mens legislatoris*), cabendo ao intérprete o escrutínio textual com vistas a restaurar essa intenção original. Segundo Ferraz Jr. (2021a), foi a partir do pensamento de Savigny que essa concepção passou a orientar a hermenêutica jurídica, de modo que

> a concepção de que o texto da lei é expressão da *mens legislatoris* leva Savigny a afirmar que interpretar é compreender o pensamento do legislador manifestado no texto da lei. Essa concepção nos mostra um ponto nuclear do desenvolvimento da Dogmática Jurídica como teoria da interpretação (FERRAZ JR., 2021a, p. 138).

Essa influência da filosofia hermenêutica de cunho "psicologista" no direito, a partir do pensamento de Savigny, também é apontada por Gadamer (1997, p. 484-485), para quem "assim como Schleiermacher não via problema algum em que o intérprete tenha de se equiparar ao leitor originário, também Savigny ignora a tensão entre sentido jurídico originário e atual".

A hermenêutica jurídica de Emilio Betti (*Teoria generale della interpretazione*[26]), que tanto serviu, e ainda serve, de base às dogmáticas jurídicas dedicadas ao

26. Cf. BETTI, Emilio. *Teoria generale della interpretazione*, Milano: Giuffrè, 1990.

desenvolvimento de técnicas interpretativas (gramatical, lógica, sistemática, teleológica, histórica, sociológica etc.), com vistas a servir de farol ao operador do direito, também é herdeira da hermenêutica geral de Schleiermacher. Conforme explicita Lucas Vargiu, a hermenêutica bettiana sustenta-se num tripé, composto por intérprete, por uma espiritualidade alheia, que foi objetivada em formas representativas, e por formas representativas, que são "formas sensíveis, através das quais outro espírito, objetivado nelas, fala ao nosso, fazendo apelo à nossa inteligência" (VARGIU, 2020, p. 240). No mesmo sentido, aponta Streck (2021, p. 158) que *"a interpretação de Betti busca averiguar unicamente o que o autor quis dizer sobre algo"*.

De todo modo, o que é preciso deixar explícito é o fato de que no subsolo da hermenêutica geral de Schleiermacher há uma predominância da filosofia da consciência, evidenciada pelo pressuposto de que há, de um lado, um sujeito cognoscente, e, de outro, um objeto a ser conhecido, que é o sentido escondido no texto. Essa percepção é corroborada por Streck (2021), que destaca a presença dos aspectos transcendental e subjetivista, que são inerentes à filosofia da consciência, na hermenêutica geral de Schleiermacher. Suas construções, vai dizer Streck (2021, p. 268), "só são possíveis porque, em um determinado sentido, duas individualidades foram postas ao descoberto: a individualidade do autor do texto (que emite a mensagem) e do intérprete que a recebe e precisa entendê-la".

E isso é o que possibilita identificar o quão ainda há dessa hermenêutica tradicional no subterrâneo epistemológico (ou, por que não dizer, ideológico), que forja o senso comum do imaginário jurídico brasileiro. Conforme observou Streck (2021, p. 276), "na doutrina e na jurisprudência do direito ainda domina a ideia da indispensabilidade do método ou do procedimento para alcançar a 'vontade da norma', o 'espírito do legislador', a correta interpretação do texto etc.". De acordo com o mesmo autor, muito embora tenhamos experimentado consideráveis avanços de cunho linguístico-fenomenológico, "não é temerário dizer que a dogmática jurídica sofre ainda de uma compulsiva lógica da aparência de sentidos, que opera como uma espécie de garantia de obtenção, em forma retroativa, de um significado que já estava na lei desde sua promulgação" (STRECK, 2021, p. 118).

Não é incomum, nesse sentido, discursos jurídicos construídos tanto em nível teórico quanto em nível prático, tendo como parâmetro hermenêutico as expressões "vontade da lei (*volunta legis*)" versus "vontade do legislador (*voluntas legislatoris*)". Na esteira de Streck (2021), basta percorrer textos jurídicos e logo se depara com expressões tais como: *espírito da lei*; *espírito do legislador*; *vontade da norma*; *processo de formação da lei* etc. Ora, o que há por trás dessas expressões, senão o esquema sujeito-objeto a sustentar ou uma postura objetivista (*volunta legis*) ou uma postura subjetivista ou psicologista (*voluntas legislatoris*), tal qual defendida por Schleiermacher.

Assim, mesmo tendo, com Schleiermacher, alçada à condição de uma "teoria geral", deixando de ser apenas um conjunto de técnicas utilizadas na interpretação de textos específicos, a hermenêutica ainda estava restrita a um pequeno conjunto de disciplinas, nas quais subjaz a ideia de um caminho percorrido do texto (expressão textual) para o pensamento do autor. Ou seja, tratava-se, segundo Gadamer (1997), de procurar reproduzir aquilo que foi a produção original do autor. É a interpretação vista como processo reprodutivo, em vez de produtivo/constructivo.

2.3 A hermenêutica epistemológica de Dilthey

Com Wilhelm Dilthey (1833-1911), a hermenêutica, enquanto teoria geral, experimenta uma nova inflexão, buscando alargar seus "horizontes". Distintamente de Schleiermacher, cuja hermenêutica estava presa às individualidades subjetivas do autor e do intérprete, Dilthey "coloca o intérprete como ator do processo histórico e desloca a tarefa interpretativa para a compreensão do todo da própria história, vale dizer, das vivências que, juntas, compõem o fluxo histórico" (STRECK, 2021, p. 269). A hermenêutica torna-se uma questão epistemológica de primeira grandeza, pois implicou a demarcação de uma metodologia própria aplicada às ciências humanas – que passaram a ser chamadas de ciências da mente ou do espírito[27] –, distinta da metodologia aplicada às ciências da natureza.

De acordo com Schmidt (2014, p. 51), Dilthey "não acha que a metodologia positivista das ciências exatas naturais pode ser utilizada para as ciências humanas, pois os objetos das ciências humanas são constituídos essencialmente por atores humanos conscientes". Seria necessário, então, que as ciências humanas se sustentassem em metodologia própria, que, a um só tempo, demarcasse a natureza singular dessas ciências e as distinguissem das ciências da natureza.

A filosofia hermenêutica de Dilthey parte da premissa de que a vida mental (do *espírito*) e o ambiente natural (da *natureza*) requerem duas perspectivas distintas: uma interna, dada pela introspecção, e outra externa, dada pelos sentidos. Assim, vai relatar Schmidt (2014, p. 59) que, na hermenêutica de Dilthey, "os seres humanos têm duas tarefas diferentes. Uma é construir e explicar a natureza como um todo ordenado governado por regras causais a partir das impressões que recebemos. A outra é sair da natureza e voltar à própria vida, onde há significado, valor e

---

27. Conforme Gadamer (1997, p. 39), "A expressão 'ciências do espírito' se popularizou principalmente através do tradutor da *lógica* de John St. Mill. Na sua obra, Mill procura, suplementarmente, esboçar as possibilidades que o emprego da lógica da indução possui sobre as *moral scienses*". Observa que o tradutor disse, para isso (*moral scienses*), 'ciências do espírito' (*Geisteswissenschafteríf*).

propósito". O que há de singular nessa segunda tarefa é o fato de que os dados sensoriais não estão voltados para a natureza, mas, sim, para o mundo interno dos seres humanos, mundo esse expresso pelas sensações.

Como consequência, às ciências humanas aplica-se metodologia própria, denominada por Dilthey de compreensão (*Verstehen*), metodologia esta distinta da aplicada às ciências naturais, denominada de explicação (*Erklären*). Nesse sentido, enquanto a explicação consiste em método que se adéqua às conexões causais que se passam na natureza, a compreensão, por sua vez, consiste em método que se adéqua à realidade interna da mente e aos nexos que se passam nas ciências do espírito, cujo traço marcante é a noção de *consciência histórica* (SCHMIDT, 2014).

A compreensão, em detrimento da explicação, torna-se fundamental para a hermenêutica. Conforme esclarece Schroth (2002, p. 382), a compreensão em Dilthey "[...] não é vista como produto individual de um sujeito. Pelo contrário, este realiza a compreensão como representante de uma sociedade. Compreensão é sempre, simultaneamente, uma *inserção no contexto da tradição* de uma sociedade". Desse modo, a compreensão, tendo por base as noções de consciência histórica e finitude, é o que permite a hermenêutica de Dilthey dar o primeiro passo rumo à transposição do paradigma sujeito-objeto, retirando o intérprete de seu pedestal contemplativo e o inserindo no contexto de uma tradição histórica, muito embora a noção de método ainda a tenha mantido como uma questão puramente epistemológica.

Por trás dessa diferenciação epistemológica empreendida por Dilthey entre compreensão e explicação está a constatação de que o processo indutivo próprio das ciências da natureza não é uma boa medida para o mundo sócio-histórico, próprio das ciências do espírito. Fazendo precisas observações sobre o tema, Habermas (2009, p. 159-160) afirma que "não há nas ciências praxeológicas nenhuma teoria do medir que, tal como a protofísica no que diz respeito à natureza, explicite previamente o recorte relevante de uma experiência possível". Isso porque as leis aplicadas à ciência da natureza, e que atestam a regularidade de seus eventos a fim de possibilitar previsões, não servem às ciências humanas, cujos eventos são únicos e irrepetíveis. Ainda de acordo com Habermas,

> enquanto os fenômenos se constituem em "natureza" segundo as categorias do entendimento sob leis universais, a "cultura" se forma por meio da ligação dos fatos a um sistema de valores. Os fenômenos culturais devem a essa ligação valorativa individualizante a significação de um sentido histórico que não pode ser jamais repetido (HABERMAS, 2009, p. 12).

Não se consegue, portanto, investigar adequadamente as ciências do espírito a partir dos mesmos parâmetros aplicados às ciências da natureza, pois, conforme Gadamer (1997, p. 427), "enquanto o objeto das ciências da natureza pode ser determinado *idealiter* como aquilo que seria conhecido num conhecimento completo da natureza, não faz sentido falar-se de um conhecimento completo da história", uma vez que não há para este um *objeto em si* em direção ao qual seja possível orientar a investigação.

Assim, em Dilthey, a experiência vivida na sua historicidade é o que nos possibilita ingressar no reino mental ou espiritual, ambiente próprio dos valores e dos bens da cultura, de modo que "a compreensão histórica significa, nesse sentido, um constante crescimento da autoconsciência; uma constante ampliação do horizonte da vida" (STRECK, 2021, p. 270).

Nesse contexto, a escrita converte-se na expressão mais completa do espírito humano e a hermenêutica na ciência da compreensão desses documentos escritos, de sorte que sua tarefa passa a ser "a justificação da compreensão em referência aos registros escritos da existência humana, onde a vida dos seres humanos encontra sua expressão completa" (SCHMIDT, 2014, p. 52). A interpretação consiste, portanto, na compreensão orientada por regras que evidenciam a manifestação da vida permanente, sendo a escrita o símbolo maior dessa manifestação, de sorte que, para Dilthey, "a compreensão orientada por regras da linguagem é a ciência da hermenêutica [...]" (SCHMIDT, 2014, p. 74).

Importa destacar, de todo modo, que, muito embora a hermenêutica de Dilthey conceba a ideia de processo criativo como um movimento que acontece no sentido das experiências vividas para a expressão delas e, por sua vez, de processo compreensivo como um movimento que acontece no sentido das expressões para as experiências vividas, não se trata, tal qual defendido por Schleiermacher, de buscar, por meio da compreensão, a vida psíquica e individual do autor, mas de experimentar os estados mentais de uma pessoa ideal, expressa no texto (SCHMIDT, 2014).

A ciência do direito foi e continua sendo fortemente influenciada pelos avanços empreendidos por Dilthey no campo hermenêutico. A compreensão, enquanto método aplicado às ciências do espírito, caiu como uma luva à dogmática jurídica mais atenta e já descontente com as receitas contendo técnicas interpretativas, permitindo-lhe tratamento epistemológico próprio e adequando ao seu objeto de estudo – o direito positivo – haja vista tratar-se, na sua essência, de um artefato cultural.

A presença da hermenêutica de Dilthey pode ser sentida, por exemplo, no pensamento de Paulo de Barros Carvalho, que, ao tomar o direito positivo como um objeto cultural, vai dizer que a sua via de acesso cognoscitivo é a compreensão, seu método próprio "o empírico-dialético, já que o saber, nesse campo, pressupõe incessantes idas e vindas da base material ao plano dos valores e, deste último, à concreção da entidade física que examinamos" (CARVALHO, 2013, p. 18).[28]

---

28. Por isso vai dizer Paulo de Barros Carvalho (2013, p. 82) que "os métodos racional-dedutivo (adequado ao plano dos objetos ideais) e empírico-indutivo (objetos

Importa a ressalva de que, conforme veremos mais adiante, a Teoria Geral do Direito desenvolvida por Paulo de Barros Carvalho, sobretudo em razão das fortes influências decorrentes da filosofia da linguagem, é dotada de considerável amplitude e complexidade, o que lhe permitiu avanços notáveis no campo da hermenêutica jurídica a partir da noção de "percurso gerativo de sentido", possibilitando, inclusive, possíveis e profícuas aproximações com a hermenêutica filosófica de Hans-Georg Gadamer.

De todo modo, as influências de uma hermenêutica epistemológica como método próprio às ciências do espírito (a compreensão) alimentaram a ideia de uma dogmática jurídica vocacionada a interpretar os textos do direito positivo com base em método científico próprio, conferindo-lhes sentido, racionalidade e previsibilidade.

2.4 Crise de sentidos e filosofia hermenêutica tradicional

Ao tempo em que serviu de base filosófica às teorias da interpretação do direito, a hermenêutica iniciada por Schleiermacher e aperfeiçoada, enquanto método científico, por Dilthey, também trouxe consigo suas próprias limitações, pois tinha como horizonte a filosofia da consciência, em que a dicotomia sujeito-objeto e a subjetividade isolada do ser cognoscente são pilares fundamentais. A despeito da evolução pela qual passou, saindo da condição de técnicas aplicadas a campos específicos do saber humano para a condição de método próprio das ciências do espírito, tratava-se, ainda assim, de método científico, o que restringia a hermenêutica às interrogações de ordem epistemológica.

naturais) não convêm à investigação dos objetos culturais, sempre valiosos, positiva ou negativamente. Aqui, o ato cognoscente já é outro – a compreensão – e o caminho a ser percorrido é o método empírico-dialético".

No ponto, destacam-se dois problemas principais, decorrentes da concepção de hermenêutica como uma questão epistemológica – questão de método científico – atrelada à filosofia da consciência. O primeiro diz respeito à linguagem concebida como instrumento do sujeito cognoscente, servindo como meio para manifestar e fazer referência aos objetos das ciências do espírito. O segundo diz respeito à dificuldade de lidar com a totalidade dos atos de compreensão, interpretação e aplicação dos textos escritos.

Na seara do direito, o primeiro problema conduz à crença de que a norma jurídica, quando não expressa na literalidade do plano textual, encontra-se implícita ou escondida em seus enunciados, cabendo ao intérprete a tarefa de encontrá-la e revelá-la por meio da linguagem, que comparece, nesse bojo, como um terceiro elemento (*tertium*), à guisa de um instrumento. Conforme assevera Lenio Luiz Streck,

> em face da prevalência do paradigma epistemológico da filosofia da consciência [...], não é temerário afirmar que, no *campo jurídico* brasileiro, a linguagem ainda tem um caráter secundário, *como uma terceira coisa que se interpõe entre sujeito e objeto, enfim, uma espécie de instrumento ou veículo condutor de essências e corretas exegeses dos textos legais* (STRECK, 2007, p. 72, grifos do autor).

O segundo problema, por sua vez, manifesta-se a partir da tradicional separação entre identificação, interpretação e aplicação do direito. Ou seja, primeiro seria preciso identificar o direito válido ou existente, depois interpretá-lo e, por fim, aplicá-lo. Dentro desse quadro hermenêutico-jurídico, a atividade de interpretar o direito antecede a atividade de aplicá-lo, dando ensejo, segundo observa Ferraz Jr. (2019, p. 281), à questionável percepção de que "a aplicação não se confunde com a interpretação, embora a exija".

Entretanto, esse arranjo tradicional concebido dentro da hermenêutica jurídica conduz àquilo que Ferraz Jr. chamou, no prefácio de seu "*O direito entre o futuro e o passado*", de crise de paradigma, em que a hermenêutica, enquanto atividade confiada à doutrina dogmática profissional, tende a desaparecer ou ser absorvida pela atividade desempenhada por quem toma decisão ou aplica o direito. Isso porque, segundo o autor, "os problemas da identificação do direito e da sua interpretação passam a gravitar em torno das justificações da decisão [...]. E um sintoma disso é a assimilação do conceito de interpretação à argumentação" (FERRAZ JR., 2014, XV-XVI).[29]

O problema da linguagem tida como instrumento (um terceiro elemento) é que isso pressupõe um objeto em si, fora da linguagem e apto a ser por esta representado com exatidão. Esse problema será solucionado com a virada linguística empreendida, sobretudo, pelo L. Wittgenstein das *Investigações Filosóficas*, publicada postumamente em 1953, onde a questão referente à relação entre linguagem e realidade é deixada de lado, direcionando, a partir de então, a atenção para o modo como a linguagem atua na composição de mundos ou na configuração de formas de vida e, portanto, na constituição de realidades.

Esse passo é decisivo para entendermos a hermenêutica filosófica desenvolvida por Gadamer (1997, p. 566), para quem "[...] *a linguagem é o médium universal em que se realiza a própria compreensão. A forma de realização da compreensão é a interpretação*". Dito ao modo de Oliveira (2015, p. 237), "para Gadamer, o que importa aqui é explicitar a relação homem-mundo, que se caracteriza precisamente

---

29. Esse quadro problemático ou crise de paradigma (como preferiu chamar Tercio Sampaio Ferraz Jr.) conduziu Lenio Luiz Streck à seguinte conclusão: "ou se demonstra que é possível colocar regras que possam guiar o hermeneuta no ato interpretativo, mediante a criação, v.g., de uma teoria geral da interpretação; ou se reconhece que a pretensa cisão entre o ato do conhecimento do sentido de um texto e a sua aplicação a um determinado caso concreto não são de fato atos separados, ou se reconhece, finalmente, que as tentativas de colocar o problema hermenêutico a partir do predomínio da subjetividade do intérprete ou da objetividade do texto, não passaram de falsas contraposições fundadas no metafísico esquema sujeito-objeto" (STRECK, 2007, p. 30).

pela liberdade em relação ao meio ambiente, o que pressupõe o caráter linguístico do mundo".

O problema relativo à separação dos atos de compreensão, interpretação e aplicação deixa subentendido que o processo hermenêutico ocorre em partes isoladas entre si, em que "distingue-se uma *subtilitas intelligendi*, compreensão, de uma *subtilitas explicandi*, a interpretação, e, durante o pietismo, se acrescentou como terceiro componente a *subtilitas applicandi*, a aplicação" (GADAMER, 1997, p. 459).

Sua superação advirá com a fenomenologia hermenêutica de Martin Heidegger, que, em *Ser e Tempo*, lançará as bases para uma compreensão interpretativa de caráter pragmático (da *facticidade*), ancorada em estruturas ontológicas preconcebidas (posição prévia, visão prévia e concepção prévia), cuja influência na hermenêutica filosófica de Gadamer é inquestionável. Conforme reconhece Streck (2021, p. 261), "a viragem hermenêutico-ontológica, provocada por *Sein und Zeit* (1927), de Martin Heidegger, e a publicação, anos depois, de *Wahrheit und Methode* (1960), por Hans-Georg Gadamer, foram fundamentais para um novo olhar sobre a hermenêutica jurídica".

Heidegger, muito embora não tenha tratado do problema hermenêutico da aplicação, como o fez Gadamer, desenvolve a ideia de que toda interpretação se sustenta numa compreensão, de modo que "toda interpretação que se coloca no movimento de compreender já deve ter compreendido o que se quer interpretar" (HEIDEGGER, 2006, p. 213, §32).

Se compreensão e interpretação, por sua vez, são dadas previamente (apresentando-se como aquilo que necessariamente já está posto, preliminarmente), o "sentido" não pode ser concebido como uma propriedade colada ou pertencente aos entes (escondido atrás deles ou orbitando-os numa espécie de "terceiro reino", diz Heidegger), mas como aquilo que se articula necessariamente pela compreensão interpretativa. Ou seja, "Sentido é a perspectiva na qual se estrutura o projeto pela posição prévia, visão prévia e concepção prévia" (HEIDEGGER, 2006, p. 212-213, § 32). Assim, é a partir dessa perspectiva projetada que algo se torna compreensível como algo, de sorte que na hermenêutica de Heidegger surge a importante noção de que o intérprete não vai à procura de sentido no texto, mas se apresenta como doador de sentido.

Nas duas seções seguintes, passa-se a discorrer sobre: a) primeiro, como o giro linguístico firmou-se como o horizonte filosófico que criou as condições para a superação do problema concernente à linguagem concebida como mero instrumento do sujeito cognoscente, à guisa de um *tertium* entre o sujeito e o objeto, e b) segundo, como a filosofia hermenêutico-ontológica de Martin Heidegger criou as condições para a hermenêutica filosófica de Hans-Georg Gadamer, sobretudo para a superação da separação entre compreensão (*subtilitas intelligendi*), interpretação (*subtilitas explicandi*) e aplicação (*subtilitas applicandi*).

O entendimento dessas etapas se apresenta como condição *sine qua non* ao desenvolvimento teórico de uma hermenêutica jurídica adequada aos tempos hodiernos, em que as relações entre os seres humanos e entre estes e aquilo que se considera como realidade encontram-se insertas no horizonte filosófico da linguagem.

2.5 Wittgenstein: a reviravolta linguístico-pragmática e a superação do esquema sujeito-objeto

A inflexão no modo de fazer filosofia e compreender a realidade engendrada pela filosofia da linguagem é de suma relevância para a compreensão do fenômeno jurídico, que, na sua essência, é um acontecimento linguístico ou, para ficarmos com Wittgenstein, um jogo de linguagem, bem como para a delimitação de uma hermenêutica que lhe seja mais apropriada em tempos hodiernos.

Tendo L. Wittgenstein e suas *Investigações filosóficas* como o marco inicial deste modo filosófico revolucionário de pensar e definir um "modo de vida", a linguagem, até então, concebida como instrumento de comunicação e de conhecimento, ainda que somente dos fenômenos (em vez das *coisas em si,* como diria Kant), passa a ocupar posição central, sendo determinante para o próprio conhecimento e para a constituição da realidade objeto do conhecimento.

Vista tradicionalmente como meio para a investigação científico-filosófica, a linguagem, ela própria, é descoberta, a partir de então, como o objeto privilegiado de investigação, no sentido de que deixa de ser "um puro instrumento de comunicação de um conhecimento já realizado, [para tornar-se] *condição de possibilidade para a própria constituição do conhecimento enquanto tal*" (OLIVEIRA, 2015, p. 128, grifos nossos).

Wittgenstein, que no *Tractatus Logico-Philosophicus,* publicado em 1921, ainda concebia a linguagem como um arranjo molecular de estruturas lógicas atômicas, capaz de figurar ou representar a realidade, opera uma mudança radical em *Investigações filosóficas*, publicado, postumamente, em 1953, passando a investigar a linguagem não mais a partir de sua estrutura lógica e de como essa estrutura representa a realidade, mas a partir das noções de "regras do jogo", "semelhanças de família", "usos" e "formas de vida".

Com efeito, o primeiro Wittgenstein (do *Tractatus Logico-Philosophicus*) ainda estava vinculado à tradição de uma linguagem concebida como instrumento de representação fiel do mundo. Nesse estágio de seu pensamento, a preocupação central era, em face das imprecisões da linguagem ordinária dada concretamente em contextos pragmáticos, "conceber uma linguagem ideal, que seria a medida de qualquer linguagem. Essa linguagem ideal seria uma linguagem artificial construída segundo o modelo de um cálculo lógico [...]" (OLIVEIRA, 2015, p. 121).

A revolução filosófica empreendida pelo segundo Wittgenstein (das *Investigações Filosóficas*) reside no fato de tomar a linguagem dentro de seu contexto pragmático (de uso), sobremodo a partir da noção de "jogos de linguagem", em vez de concebê-la num contexto em que a significação se dava por meio da referencialidade. Dentro deste novo contexto, Wittgenstein coloca em evidência a relação intrínseca desses usos de linguagem com a configuração de "formas de vida". Para o filósofo vienense, "representar uma linguagem equivale a representar uma forma de vida" (WITTGENSTEIN, 1994, p. 23, § 19); de modo que, complementa, "a expressão 'jogo de linguagem' deve salientar aqui que falar uma linguagem é parte de uma atividade ou de uma forma de vida" (WITTGENSTEIN, 1994, p. 27, § 23).

Sobre esse aspecto, esclarece Habermas (2009, p. 211) que a "compreensão linguística é a repetição virtual de um processo de socialização. Por isto, Wittgenstein introduz o termo 'jogo de linguagem' com referência aos processos característicos do aprendizado da fala". Observa, ainda, Habermas que a filosofia da linguagem ordinária do Wittgenstein das *Investigações filosóficas* "unifica os dois pontos de vistas: as qualidades de uma linguagem formalizada no plano teórico e o respeito aos jogos de linguagem naturais no plano dos dados" (HABERMAS, 2009, p. 218).

A partir de então, em vez de significações e sentidos dados numa concepção subjetivista e individualista, expressos por meio da linguagem, ganha destaque o contexto de uso pragmático e o aspecto sociocomunicativo da linguagem.[30]

---

30. Conforme explica Manfredo A. de Oliveira (2015), o aspecto individualista da concepção tradicional da linguagem decorre de sua abstração de contextos comunicativos e interativos; já o aspecto subjetivista decorre da centralidade do sujeito falante para a construção das regras e convenções da linguagem, e não do processo sociocomunicativo e pragmático na determinação dessas regras e convenções.

Em vez de definições e processos classificatórios precisos dos entes (fetichização do dado), assume relevância a concepção pragmática de semelhanças de família, em que não cabem conceitos ou fronteiras precisos e tampouco entes extralinguísticos dotados de essências próprias, mas, sim, semelhanças ou "parentescos" entre os jogos de linguagem.

A compreensão deixa de ser algo psicológico e subjetivo, relacionada às vivências interiores do sujeito pensante e de sua relação com o mundo dos entes circundantes, para caracterizar a experiência intersubjetiva (entre sujeitos), forjada numa práxis linguística de determinado jogo de linguagem. Ou seja, compreendemos uma palavra ou expressão quando estamos inseridos numa comunidade linguística (forma de vida), em que essa palavra ou expressão é objeto de uso no jogo de linguagem que lhe é próprio.

A obsessão pela relação entre linguagem e realidade é deixada de lado, de modo que é justamente nesse sentido que se pode dizer ter havido um redirecionamento da atenção para o modo como a linguagem atua na composição de mundos e na configuração de formas de vida, constituindo realidades e, por que não dizer, o mundo que habitamos enquanto humanos. Para Oliveira (2015, p. 127), a questão posta pelo Wittgenstein das *Investigações filosóficas* reside em que "não existe um mundo em si independente da linguagem, que deveria ser copiado por ela. Só temos o mundo na linguagem".

Por isso, Wittgenstein, nas suas *Investigações filosóficas*, não toma a linguagem como um conjunto pronto e acabado de instruções, preferindo compará-la a uma velha cidade, composta por "uma rede de ruelas e praças, casas velhas e novas, e casas com remendos de épocas diferentes; e isto tudo circundado por uma grande quantidade de novos bairros, com ruas retas e regulares e com casas uniformes" (WITTGENSTEIN, 1994, p. 23, § 18). Significa dizer, com essa metáfora, que a todo momento "novos tipos de linguagem surgem, outros envelhecem e são esquecidos" (WITTGENSTEIN, 1994, p. 27, § 23), engendrando, por sua vez, novas formas de vida ou novas configurações de mundo e, enfim, novas realidades.

Essa concepção de linguagem não como mero meio de comunicação ou instrumento de representação da realidade, mas como instância forjadora de mundos e de formas de vida aparece esquematizada na obra inaugural de John Langshaw Austin (1911-1960) – *Quando dizer é fazer* –, em que se demonstra a força *performativa*[31] ou *ilocucionária* da linguagem, que passa a ser considerada a partir dos atos de fala, e não mais a partir de sua estrutura lógica.

Atos de fala, esclarece Danilo Marcondes de Souza Filho (1984, p. 30), nada mais são do que a linguagem observada em seu contexto natural, composto por instituições, valores e convenções estabelecidas socialmente, que "mudam constantemente conforme as condições históricas da sociedade que os produz, pois resultam destes processos sociais". Segundo este autor, com essa nova compreensão da linguagem

> rompe-se com a tradição predominante que considera a linguagem como o meio através do qual se descreve o mundo ou se interpreta a realidade. A linguagem deve ser vista, ao contrário, como o modo por excelência de agirmos no mundo, isto é, de interagirmos socialmente em uma comunidade. *Ela é constitutiva, tanto da realidade, enquanto estabelece o horizonte da possibilidade de nossa atuação no real, quanto de nossa compreensão dos contextos sociais de que participamos* (SOUZA FILHO, 1984, p. 32-33, grifos nossos).

Todo esse movimento conduz ao desfecho de que a linguagem não pode ser vista como mais uma faculdade de que detém o homem, como algo à sua disposição e à guisa de um instrumento. Ela, a bem da verdade, define o homem e sua essência, delimitando, por sua vez, tudo aquilo que chamamos

---

31. Do inglês *to perform*, correlato ao substantivo "ação".

de mundo. Conforme dito linhas acima, a partir dessa reviravolta linguístico-pragmática privilegia-se a situação hermenêutica dos sujeitos em situações reais de fala (perspectiva do participante dada pela relação sujeito x sujeito), em detrimento de métodos para análise, a distância, do mundo objetivo (perspectiva do observador dada pela relação sujeito x objeto). Em vez de uma linguagem em terceira pessoa, adota-se uma linguagem em primeira ou segunda pessoa. Enfim, em vez da busca por explicação, tão comum nos demais horizontes, busca-se por compreensão/interpretação.

2.6 Heidegger e as bases para a filosofia hermenêutica contemporânea

Martin Heidegger (1889-1976),[32] diferentemente da tradição, via a hermenêutica não como um conjunto de técnicas ou de métodos, reunidos sob a forma de doutrina geral da interpretação, mas como um meio "para trazer à mostra vários aspectos da facticidade" (SCHMIDT, 2014, p. 85). Há, nesse sentido, um retorno de Heidegger à raiz etimológica grega da palavra hermenêutica, "normalmente traduzida por 'intérprete', como 'arauto', aquele 'que comunica, anuncia e faz conhecer' [...]" (SCHMIDT, 2014, p. 84).

A hermenêutica em Heidegger tem como fonte central o § 32 de sua obra *Ser e tempo*, publicada em 1927, não aparecendo explicitamente em seus textos tardios, nos quais o tema da linguagem ganha projeção de relevo. De todo modo, algumas especulações tardias de Heidegger acerca da linguagem auxiliam no entendimento de sua

32. Observa Lenio Luiz Streck (2015, p. 154) que "há uma tendência – muito peculiar ao pensamento jurídico – de se falar em hermenêutica, círculo hermenêutico, pré-compreensão e alguns outros conceitos filosóficos sem citar – ou, na pior das hipóteses, ignorando completamente – aquele que foi o grande filósofo que introduziu estes conceitos ou, no caso do conceito de hermenêutica e de círculo hermenêutico, renovou o seu conteúdo. Este filósofo foi Martin Heidegger. Registre-se que tal lembrança é condição de possibilidade para se falar em hermenêutica filosófica".

fenomenologia hermenêutica, que não deixa de ser uma hermenêutica-linguística.

Por exemplo, em "*Sobre o humanismo:* carta a Jean Beaufret", de 1947, Heidegger sustenta que a linguagem não consiste numa faculdade do homem entre tantas outras. Pelo contrário, "a linguagem é a casa do ser. Nesta habitação do ser mora o homem" (HEIDEGGER, 1979, p. 149). Logo à frente, observa o filósofo que "o esvaziamento da linguagem, que grassa em toda parte e rapidamente, não corrói apenas a responsabilidade estética e moral em qualquer uso da linguagem. Ela provém de uma ameaça à essência do homem" (HEIDEGGER, 1979, p. 151). Em "*O caminho para a linguagem*", de 1959, Heidegger se questiona sobre se é mesmo necessário um caminho para a linguagem, afirmando, em seguida, que "somos antes de tudo, na linguagem e pela linguagem. [...] uma vez que já estamos no lugar para o qual o caminho deveria nos conduzir" (HEIDEGGER, 2014, p. 191-192). Por fim, em "*A linguagem*", de 1950, é emblemática a observação de que "falar da linguagem talvez seja ainda pior do que escrever sobre o silêncio" (HEIDEGGER, 2014, p. 8).

Assim como procedeu tardiamente com a análise da linguagem, a fenomenologia hermenêutica de Heidegger assenta-se na sua reviravolta ontológica, em que a hermenêutica deixa de ser uma questão de método, presa à dicotomia sujeito-objeto, para se tornar uma condição existencial do ser-aí no mundo (*Dasein*). Enquanto um ser-aí no mundo, a situação hermenêutica comparece como uma condição inapelável do homem, de sorte que, com Heidegger, interpretamos desde o início, por mais que não o percebamos.

Distintamente da fenomenologia de Husserl, que buscava o conhecimento (ciência) puro através da redução fenomenológica operada por meio da *epoché* (εποχη), em Heidegger a tarefa da fenomenologia consiste em explicitar (mostrar) a estrutura da compreensão pré-ontológica do *Dasein*, retendo-se na facticidade ou cotidianidade do ser-aí no mundo (CERBONE, 2012). Nesse sentido, "em vez de isolar a experiência consciente, [...] a fenomenologia heideggeriana busca interpretar nossa atividade diária, de modo a tornar manifestas as estruturas da inteligibilidade, em grande parte implícitas, que caracterizam essa atividade" (CERBONE, 2012, p. 76-77).

Se, na ontologia tradicional, o *ser* era concebido como uma condição *a priori*, atemporal e dado desde sempre (externo ao homem), a partir da reviravolta ontológica de Heidegger "o ser só pode ser compreendido, sempre e cada vez, na perspectiva do tempo [...] [pois] uma investigação ontológica concreta há de começar dentro do horizonte liberado pelo tempo, com uma investigação sobre o sentido de ser" (HEIDEGGER, 2006, p. 56-57, § 5º, grifos nossos).

Conforme observa Ernildo Stein (1979), em Heidegger a realidade não se coloca à espera de uma rede lançada pelos nossos métodos científicos. No mesmo sentido, também observa Schmidt que, em Heidegger, "os objetos não passam na frente do sujeito que os apreende, mas há um evento ou acontecimento onde o 'objeto' significativo aparece num contexto de significado orientado pelas preocupações do 'sujeito'" (SCHMIDT, 2014, p. 81).

As noções de temporalidade e finitude tornam-se, assim, essenciais ao desenvolvimento de uma analítica da presença do ser-aí (*Dasein*), razão pela qual "deve-se conceber e esclarecer, de modo genuíno, o tempo como horizonte de toda compreensão e interpretação de ser" (HEIDEGGER, 2006, p. 55, § 5º).

A fenomenologia, nesse contexto, torna-se um *conceito de método* (o *como* das coisas) e implica a descrição minudente da experiência como ela realmente é. Conforme esclarece Schmidt, para Heidegger "a fenomenologia é o método apropriado de investigação porque ela tenta evitar pressuposições tradicionais e volta para as coisas em si" (SCHMIDT, 2014, p. 96). Sua fenomenologia dedica-se, portanto, à cotidianidade do *Dasein*, com vistas a explicitar a estrutura da compreensão pré-ontológica. Por isso vai dizer Heidegger que "descrever fenomenologicamente o 'mundo' significa: mostrar e fixar numa categoria conceitual o ser dos entes que simplesmente se dão dentro do mundo" (HEIDEGGER, 2006, p. 110, § 14).

Em Heidegger, portanto, a hermenêutica surge a partir da consideração da estrutura prévia própria à facticidade existencial. Sua "hermenêutica fenomenológica revela a natureza mais verdadeira ('mais sem disfarce') das coisas no mundo quando elas são encontradas numa situação pragmática" (SCHMIDT, 2014, p. 99).

Compreender algo ou alguma coisa não significa, para Heidegger, "estar por cima de" ou "poder alguma coisa", mas uma condição existencial e, assim, uma precondição para o significado do ser. Dizendo ao modo de Stein (1979, p. 90), "o existencial em que se concentra a possibilidade de sucesso do método fenomenológico é o da compreensão". A compreensão consiste, assim, no projetar de possibilidades, de modo que nesse projetar já está contida a compreensão do ser. Por isso, para Heidegger o "ser é compreendido no projeto e não concebido ontologicamente" (HEIDEGGER, 2006, p. 208, § 31).

A interpretação, por sua vez, consiste no desenvolvimento ou realização das possibilidades lançadas como projetos da compreensão, de modo que "interpretar não é tomar conhecimento do que se compreendeu, mas elaborar as possibilidades projetadas no compreender" (HEIDEGGER, 2006, p. 209, § 32). A interpretação funda-se, portanto, na compreensão.

Heidegger aponta três estruturas prévias que caracterizam a compreensão interpretativa, quais sejam: posição prévia (*Vorhabe*),[33] visão prévia (*Vorsicht*)[34] e concepção prévia (*Vorbegriff*).[35] Dessa constatação, depreende Heidegger (2006, p. 211-212, § 32) que "em todo princípio de interpretação, ela se apresenta como sendo aquilo que a interpretação necessariamente já 'põe', ou seja, que é preliminarmente dado na posição prévia, visão prévia e concepção prévia". Desse modo, vai concluir que "a interpretação nunca é apreensão de um dado preliminar, isenta de pressuposições" (HEIDEGGER, 2006, p. 211, § 32).

Disso resulta que interpretar não significa procurar o que está explicita ou implicitamente posto previamente no texto ou na mente de seu autor, condição hermenêutica essa inerente ao horizonte da filosofia da consciência, marcada pela distinção entre sujeito e objeto. Pelo contrário, a partir da posição prévia, visão prévia e concepção prévia, interpretar significa colocar em movimento o que já foi previamente compreendido.

Por isso que, para Heidegger (2006, p. 211-212, § 32), "se a concreção da interpretação, no sentido da interpretação textual exata, se compraz em se basear nisso que 'está' no texto, aquilo que, de imediato, apresenta como estando no texto nada mais é do que a opinião prévia, indiscutida e supostamente

33. Segundo Heidegger, tudo o que está à mão sempre já se compreende a partir de uma totalidade conjuntural, que não precisa ser explicitada numa interpretação temática. Essa compreensão implícita funda-se numa *posição prévia*. Assim, "mesmo quando percorrida por uma interpretação, ela se recolhe novamente numa compreensão implícita" (HEIDEGGER, 2006, p. 211, § 32).

34. "A interpretação funda-se sempre numa *visão prévia* (N54), que 'recorta' o que foi assumido na posição prévia, segundo uma possibilidade determinada de interpretação. O compreendido, estabelecido numa posição prévia e encarado numa 'visão previdente' (*vorsichtig*) torna-se conceito através da interpretação" (HEIDEGGER, 2006, p. 211, § 32).

35. "A interpretação pode haurir conceitos pertencentes ao ente a ser interpretado a partir dele mesmo, ou então forçar conceitos contra os quais o ente pode resistir em seu modo de ser. Como quer que seja, a interpretação, sempre já decidiu, definitiva ou provisoriamente, por uma determinada conceituação, pois está fundada numa *concepção prévia* (N54)" (HEIDEGGER, 2006, p. 211, § 32).

evidente, do intérprete". A esse respeito, Gadamer (1997, p. 405) assevera que "Heidegger oferece uma descrição fenomenológica completamente correta, quando descobre no suposto 'ler' o que 'lá está' a pré-estrutura da compreensão".

Distintamente de Dilthey, que procurou demarcar um método próprio (compreensão) às ciências do espírito em detrimento do método das ciências naturais (explicação), para Heidegger o compreender e sua estrutura prévia (posição prévia, visão prévia e concepção prévia) garante o método científico a partir das coisas mesmas, de sorte que, ao fim e ao cabo, "a matemática não é mais rigorosa do que a história. É apenas mais restrita, no tocante ao âmbito dos fundamentos existenciais que lhes são relevantes" (HEIDEGGER, 2006, p. 215, § 32). Ao esclarecer esse ponto, o jurista e filósofo Arthur Kaufmann afirma que

> a hermenêutica, enquanto tal, não prescreve nenhum método. Ela apenas indica sob que pressupostos se pode compreender algo no seu sentido. E, visto que não existe nada inacessível no espírito que compreende, a hermenêutica tem caráter universal. A *compreensão do sentido* (*não o método*!) da <<física>> ou da <<religião>> ou da <<economia>> ocorre sob as mesmas condições transcendentais presentes na compreensão do <<direito>> (KAUFMANN, 2002, p. 150).

A ideia de que na interpretação – ao partir da posição prévia, visão prévia e concepção prévia – sempre já se decidiu previamente (definitiva ou provisoriamente) por determinada compreensão, faz surgir uma concepção renovada, em Heidegger, de círculo hermenêutico ou círculo da compreensão. Não se trata, aqui, de compreender a parte a partir do todo e vice-versa, conforme dizia Schleiermacher, tampouco de um processo circular vicioso. Para Heidegger (2006, p. 214, § 32), o círculo hermenêutico "exprime a *estrutura-prévia* existencial, própria da presença". Nele reside a potência de um conhecimento originário e verdadeiramente autêntico, desde que na interpretação se tenha compreendido "que sua primeira, única e última tarefa é de não se deixar guiar, na posição prévia, visão prévia e concepção prévia, por conceitos populares e inspirações" (HEIDEGGER, 2006, p. 214-215, § 32). Conforme observou Gadamer,

> uma compreensão guiada por uma consciência metódica procurará não simplesmente realizar suas antecipações, mas, antes, torná-las conscientes para poder controlá-las e ganhar assim uma compreensão correta a partir das próprias coisas. Isso é o que Heidegger quer dizer quando exige que se "assegure o tema científico na elaboração de posição prévia, visão prévia e concepção prévia, a partir das coisas, elas mesmas (GADAMER, 1997, p. 405-406).

Não há como evitar, assim, o processo hermenêutico circular. De todo modo, cabe ao intérprete não aceitar ou adotar acriticamente conceitos prévios populares ou meras aspirações, devendo "concentrar o esforço em saltar, originária e integralmente, para dentro desse 'círculo' a fim de assegurar, ao ponto de partida da análise da presença, uma visão plena do ser em círculo da presença" (HEIDEGGER, 2006, p. 399, § 63). Ou seja, o importante não é tentar sair do círculo, mas nele ingressar adequadamente. Por isso que a compreensão consiste na elaboração de projeto correto e, portanto, adequado às coisas. Procedendo assim, "a interpretação pode haurir conceitos pertencentes ao ente a ser interpretado a partir dele mesmo, ou então forçar conceitos contra os quais o ente pode resistir em seu modo de ser" (HEIDEGGER, p. 211, § 32). A esse respeito, observa Gadamer que

> a reflexão hermenêutica de Heidegger tem o seu ponto alto não no fato de demonstrar que aqui esta prejaz um círculo, mas, antes, que este círculo tem um sentido ontológico positivo. [...] Toda interpretação correta tem que proteger-se contra a arbitrariedade da ocorrência de "felizes ideias" e contra a limitação dos hábitos imperceptíveis do pensar, e orientar sua vista "às coisas elas mesmas" (que para os filólogos são textos com sentido, que também tratam, por sua vez, de coisas) (GADAMER, 1997, p. 401-402).

Esses avanços empreendidos, primeiro, pelo giro linguístico, e, segundo, por Heidegger no campo da fenomenologia hermenêutica são fundamentais para se entender a importância e a profundidade da hermenêutica filosófica de Hans-Georg Gadamer, bem como para uma adequada crítica e abordagem da hermenêutica jurídica.

2.7 A hermenêutica filosófica de Hans-Georg Gadamer

Hans-Georg Gadamer (1900-2002) é, certamente, o autor mais importante para aquilo que denominamos de filosofia hermenêutica contemporânea ou teoria filosófica da interpretação, cujos contornos foram traçados cuidadosamente na sua obra *Verdade e método*, publicada em 1960. Logo nas suas primeiras páginas, Gadamer trata de demarcar o alcance de sua hermenêutica, distinguindo-a dos métodos tradicionais de interpretação, dizendo que

> o fenômeno da compreensão e da maneira correta de se interpretar o que se entendeu não é apenas, e em especial, um problema da doutrina dos métodos aplicados nas ciências do espírito. [...] *Entender e interpretar os textos não é somente um empenho da ciência, já que pertence claramente ao todo da experiência do homem no mundo.* Na sua origem, o fenômeno hermenêutico não é, de forma alguma, um problema de método (GADAMER, 1997, p. 31, grifos nossos).

O ponto central de sua hermenêutica está no entendimento de que toda compreensão implica, necessariamente, interpretação e aplicação. Gadamer, assim como Heidegger, parte do pressuposto de que, no seu pertencimento ao mundo, o homem é essencialmente hermenêutico. Nesse sentido, propõe dar um passo além da hermenêutica romântica, de modo a considerar "como um processo unitário não somente a compreensão e interpretação, mas também a aplicação" (GADAMER, 1997, p. 460).

Para tanto, a teoria da linguagem ordinária e dos jogos de linguagem de Wittgenstein, assim como a fenomenologia hermenêutica de Heidegger, são fundamentais para se dimensionar a profundidade da hermenêutica filosófica de Gadamer, razão pela qual foram brevemente abordadas em seções anteriores. Isso porque, conforme observa Habermas:

> A *abordagem fenomenológica* conduz a uma investigação acerca da constituição da práxis vital cotidiana. A *abordagem linguística* centra-se em jogos de linguagem, que determinam ao mesmo tempo formas de vida de maneira transcendental. A *abordagem hermenêutica* torna possível finalmente que concebamos as regras linguístico-transcendentais (HABERMAS, 2009, p. 151).

Passa-se, assim, à hermenêutica filosófica de Gadamer, dando destaque, num primeiro momento, ao conjunto de conceitos que formam os pilares de sua construção teórica – as estruturas prévias da compreensão –, para, em seguida, perscrutar a hermenêutica filosófica gadameriana como um processo indissociável que envolve compreensão, interpretação e aplicação de um texto qualquer. Tudo isso, por evidente, na exata medida em que seu entendimento possibilita uma abertura para o fenômeno jurídico a partir de uma hermenêutica filosófica inserta no horizonte filosófico da linguagem.

2.7.1 Gadamer e o círculo hermenêutico: preconceito, autoridade, horizonte cultural e linguagem

Gadamer parte da ideia de círculo hermenêutico e de estruturas prévias da compreensão interpretativa propostos por Heidegger, reconhecendo que "a descrição e a fundamentação existencial do círculo hermenêutico, devidas a Heidegger, representam uma mudança decisiva" (GADAMER, 1997, 439). Em seguida, torna claro o aspecto fundamental da concepção heideggeriana de círculo hermenêutico, que não possui a natureza puramente formal ou subjetivista tal como concebido pela tradição, desde Schleiermacher:

> É claro que a teoria da hermenêutica do século XIX falava da estrutura circular da compreensão, mas sempre inserida na

> moldura de uma relação formal entre o individual e o todo, assim como de seu reflexo subjetivo, a antecipação intuitiva do todo e sua explicação subsequente no individual. Segundo essa teoria, o movimento circular da compreensão vai e vem pelos textos, e quando a compreensão dos mesmos se completa, ele é suspenso. [...] Heidegger, pelo contrário, descreve esse círculo de uma forma tal que a compreensão do texto se encontre determinada, continuamente, pelo movimento de concepção prévia da pré-compreensão. O círculo do todo e das partes não se anula na compreensão total, mas nela alcança sua mais autêntica realização (GADAMER, 1997, p. 439).

O círculo hermenêutico em Heidegger assenta-se em bases ontológicas, pois as estruturas prévias da compreensão interpretativa – posição prévia, visão prévia e concepção prévia – não podem ser edificadas a partir de uma "feliz ideia" ou de "conceitos populares", mas devem ser elaboradas a partir das "coisas elas mesmas", considerando-se a condição compreensiva existencial do homem. De todo modo, diz Gadamer, partir das coisas elas mesmas não implica uma decisão heroica, "pois o que importa é manter a vista atenta à coisa, através de todos os desvios a que se vê constantemente submetido o intérprete em virtude das ideias que lhe ocorram" (GADAMER, 1997, p. 402).

Assim, o processo hermenêutico, em Heidegger, é circular e não subjetivo, pois o projetar da compreensão interpretativa parte, sempre, de estruturas preconcebidas, mas essas estruturas devem ser adequadamente concebidas pelo intérprete numa vivência fenomenológica orientada para as coisas elas mesmas. Isso porque, em Heidegger, "a compreensão pertence ao <<estar-aí>> (<<Dasein>>). [...] Assim, a compreensão torna-se existencial. A interpretação é o processo pelo qual a compreensão torna-se existencial" (SCHROTH, 2002, p. 383). A compreensão que não se confirma nas próprias coisas fica exposta a erros de opiniões prévias.

Gadamer reúne as estruturas prévias da compreensão de que falou Heidegger – posição prévia, visão prévia e concepção prévia (*Vorhabe, Vorsicht, Vorbegriff*) – naquilo que ele chama de "preconceito," que não porta a carga negativa que lhe foi conferida pela tradição Iluminista (*Aufklàrung*). Assim, vai dizer que, "em si mesmo, 'preconceito' (*Vorurteil*) quer dizer um juízo (*Urteil*) que se forma antes da prova definitiva de todos os momentos determinantes segundo a coisa" (GADAMER, 1997, 407).

Para Gadamer, todo processo hermenêutico já parte de preconceitos, não sendo possível conhecer diretamente a coisa. Conforme observa Marcelo Dascal (2006, p. 649), Gadamer, seguindo os passos de Heidegger, distingue-se de Schleiermacher e Dilthey, por enfatizar que "(a) nenhum intérprete pode libertar-se de uma hoste de 'pré-juízos' e categorias que o fazem ser o que é e (b) nenhuma interpretação é possível se o intérprete é uma *tábula rasa*, desprovido de categorias conceituais, valores e pré-juízos". Por isso, em Gadamer "a hermenêutica *opõe-se ao conceito objetivista do conhecimento*, suprime o esquema sujeito-objeto [...]" (KAUFMANN, 2002, p. 150). Em vez dessa dicotomia tradicional da filosofia da consciência, observa Kaufmann que na hermenêutica filosófica de Gadamer o intérprete:

> [...] insere-se no <<horizonte de compreensão>> e não se limita a representar passivamente o objeto da compreensão na sua consciência, mas *configura-o* – por outras palavras, ele não <<subsume>> simplesmente o caso na lei, situando-se à margem deste processo, antes desempenha na chamada <<aplicação do direito>> um *papel activo-configurador* (KAUFMANN, 2002, p. 150).

Assim como em Heidegger não se pode evitar o círculo hermenêutico, que já parte de uma posição prévia, de uma visão prévia e de uma concepção prévia para uma compreensão interpretativa da coisa, em Gadamer a estrutura circular do processo hermenêutico também é inevitável, mas parte de preconceitos que são herdados de nossa tradição linguística, mediante processo de aculturação. Ou seja, "ao aprender uma linguagem, em sua educação, você adquiriu seu conjunto de preconceitos a partir do qual qualquer caso de compreensão prossegue" (SCHMIDT, 2014, p. 147).

Desta feita, em Gadamer o círculo hermenêutico assenta-se na noção de "preconceito", cuja ontologia elementar aponta para aspectos culturais, históricos, que são transmitidos pela linguagem. Conforme observa Lawrence Schmidt,

> em qualquer momento particular, nossos preconceitos, como nossas estruturas prévias da compreensão herdadas, incluem tudo que sabemos consciente ou inconscientemente. Eles incluem os significados de palavras, nossas preferências, os fatos que aceitamos, nossos valores e juízos estéticos, nossos juízos sobre a natureza humana e o divino, e assim por diante. Na maior parte do tempo, não percebemos a maioria de nossos preconceitos, apesar de podermos trazer alguns deles para a percepção consciente (SCHMIDT, 2014, p. 147).

Por sempre pertencermos a determinada comunidade linguística e, com isso, aprendermos seus jogos de linguagem, somos inevitavelmente herdeiros de uma tradição a partir da qual forjamos nossos preconceitos. Sobre esse ponto, vai dizer Habermas que "em contraposição à análise da linguagem realizada teoricamente, a hermenêutica insiste no fato de que nós aprendemos a compreender um jogo de linguagem a partir do horizonte da linguagem que nos é familiar" (HABERMAS, 2009, p. 237).

Reside, aqui, a importância das noções de "jogos de linguagem" e "formas de vida" desenvolvidas por Wittgenstein para explicar a dinâmica da linguagem ordinária, pois, conforme Habermas (2009, p. 297), "a hermenêutica relaciona-se com a 'capacidade' que adquirimos, na medida em que aprendemos a 'dominar' uma língua natural". É que para Gadamer (1997, p. 567) "todo compreender é interpretar, e todo interpretar se desenvolve no médium de uma linguagem que pretende deixar falar o objeto e é, ao mesmo tempo, a linguagem própria de seu intérprete". Dado que a compreensão se realiza na interpretação, a linguagem comparece, em Gadamer (1997, p. 566), como “o médium universal em que se realiza a própria compreensão”.

Ao tratar da tradição e de sua importância na formação de nossos preconceitos, Gadamer vai resgatar a dignidade da autoridade, longamente detratada pelo Iluminismo moderno. Segundo observa Schmidt (2014, p. 148), “as tradições legam juízos e costumes de uma geração a outra. [...] A primeira tarefa de Gadamer é reabilitar a autoridade da tradição para provar que podemos encontrar nela preconceitos legítimos”. Com isso, “o pensamento hermenêutico não permanece refém dos acasos do momento, vivendo antes da <<herança>> da *tradição* como o <<solo comum do mundo comum em que nos situamos>>, o <<acervo garantido dos conhecimentos comuns dos quais vivemos>>” (KAUFMANN, 2002, p. 151).

Acerca da oposição excludente imposta pelo Iluminismo moderno entre autoridade e razão, escreve Gadamer o que segue: “sobre a base de um esclarecedor conceito de razão e liberdade, o conceito de autoridade pôde se converter simplesmente no contrário de razão e liberdade, no conceito da obediência cega” (GADAMER, 1997, p. 419). Em seguida, ressalta que,

> todavia, não é isso a essência da autoridade. Na verdade, a autoridade é, em primeiro lugar, um atributo de pessoas. Mas a autoridade das pessoas não tem seu fundamento último num ato de submissão e de abdicação da razão, mas num ato de reconhecimento e de conhecimento: reconhece-se que o outro está acima de nós em juízo e perspectiva e que, por consequência, seu juízo precede, ou seja, tem primazia em relação ao nosso próprio (GADAMER, 1997, 419).

A ideia de que somos herdeiros de uma tradição, bem como de que nossos preconceitos são formados no diálogo com essa tradição materializada na figura da autoridade, permite a Gadamer desenvolver a noção de horizonte e de consciência efetuada historicamente. Segundo Schmidt, “o termo 'horizonte' indica nossa situação hermenêutica, ou seja, nosso conjunto herdado de preconceitos. Estes preconceitos 'constituem, então, o horizonte de um intérprete particular, pois eles representam aquilo além do que é impossível ver" (SCHMIDT, 2014, p. 153). Isso porque, para Gadamer

> Aquele que não tem um horizonte é um homem que não vê suficientemente longe e que, por conseguinte, supervaloriza o que lhe está mais próximo. Pelo contrário, ter horizontes significa não estar limitado ao que há de mais próximo, mas poder ver para além disso. Aquele que tem horizontes sabe valorizar corretamente o significado de todas as coisas que caem dentro deles, segundo os padrões de próximo e distante, de grande e pequeno (GADAMER, 1997, p. 452).

Entretanto, o horizonte não é algo estanque, sólido e acabado, mas sim "algo no qual trilhamos nosso caminho e que conosco faz o caminho. Os horizontes se deslocam ao passo de quem se move" (GADAMER, 1997, p. 455). Ou seja, se é verdade que, para Gadamer, o horizonte do presente não se forma à margem do passado, também é verdade que não se pode conceber nosso horizonte do presente como simples estoque fixo de opiniões, herdado da tradição.

Com isso, uma adequada situação hermenêutica requer uma correta obtenção do horizonte de questionamento em relação às questões colocadas perante a tradição. Daí por que Gadamer vai falar da possibilidade de se ampliar, manter ou encurtar os horizontes dentro de determinada situação hermenêutica: "horizonte é o âmbito de visão que abarca e encerra tudo o que é visível a partir de um determinado ponto. Aplicando-se à consciência pensante falamos então da estreitez do horizonte, da possibilidade de ampliar o horizonte, da abertura de novos horizontes etc." (GADAMER, 1997, p. 452).

A conexão entre preconceito, autoridade da tradição, situação hermenêutica e horizonte permite Gadamer tratar a compreensão como uma fusão de horizontes. Ou seja, "a fusão se dá constantemente na vigência da tradição, pois nela o velho e o novo crescem sempre juntos para uma validez vital, sem que um e outro cheguem a se destacar explicitamente por si mesmos" (GADAMER, 1997, p. 457). Assim, o fato de o horizonte do presente, com todos os nossos preconceitos, submeter-se constantemente à prova em face da tradição[36] faz com que estejam em contínua (trans)formação.

Portanto, a fusão de horizontes significa que, quando se compreende um texto, projeta-se seu horizonte para dentro do horizonte do intérprete, considerando-se seus preconceitos, que são sempre preconceitos linguísticos. Ou seja, não se compreende o texto extraindo dele um sentido que lhe seja próprio, pois no sentido do texto já se encontra inevitavelmente implicados os preconceitos do intérprete, de modo que "a compreensão, em Gadamer, nunca é uma mera reprodução, mas sempre também um comportamento produtivo" (SCHROTH, 2002, p. 384). Conforme destaca Marcelo Dascal,

> dado o papel constitutivo dos pré-juízos do intérprete, que implica que não há algo como "o significado" de um texto a ser "descoberto", conjugado com o fato de que tais pré-juízos são por si só não-fixos e, sim, passíveis de alteração (entre outras coisas, devido à "resistência" da "coisa em si" expressa no texto) no curso do processo de compreensão, o círculo hermenêutico dever ser compreendido como um nível ontologicamente básico, anterior à distinção entre sujeito e objeto (DASCAL, 2006, p. 652).

Desta feita, e conforme Schroth (2002, p. 383-384), "torna-se nítido por que razão, em Gadamer, o *círculo hermenêutico* é entendido como uma *interpretação entre aquilo que é carreado para o texto pela tradição e aquilo que é trazido pelo intérprete*". Dito ao modo de Habermas (2009, p. 299), "a compreensão hermenêutica não pode penetrar sem preconceitos na coisa, mas é incontornavelmente marcada de antemão pelo contexto, no qual o sujeito compreensivo adquiriu de início os seus

36. Vai dizer Gadamer (1997, p. 457) que "parte dessa prova é o encontro com o passado e a compreensão da tradição da qual nós mesmos procedemos".

esquemas interpretativos". Trata-se, segundo Gadamer, de uma conversação hermenêutica, dado que "o problema hermenêutico não é, pois, um problema de correto domínio da língua, mas o correto acordo sobre um assunto, que ocorre no *médium* da linguagem" (GADAMER, 1997, p. 561).

Com essas incursões no campo da filosofia hermenêutica, e tendo como ponto de partida a fenomenologia hermenêutica de Heidegger, Gadamer cria as condições teóricas para superar a tradicional divisão entre compreensão (*subtilitas intelligendi*), interpretação (*subtilitas explicandi*) e aplicação (*subtilitas applicandi*) de textos.

Tal avanço no campo da hermenêutica filosófica é de fundamental importância, também, para possíveis avanços no âmbito da hermenêutica jurídica, em que interpretar ainda é entendido, tradicionalmente, como a atividade exercida pela dogmática jurídica, que antecede a atividade de aplicar o direito. Dentro dessa tradição jurídica, cabe ao exegeta escrutinar o texto do direito positivo, a fim de enunciar o sentido (a norma jurídica) decorrente da vontade da lei ou da vontade do legislador, apontando "o alcance do direito em vista de possíveis conflitos *concretos* (interpretação extensiva, restritiva, analógica)" (FERRAZ JR., 2014, XIV). Em nível de linguística, pode-se dizer que essa prática hermenêutica lança mão ou de uma semântica formal, direcionando a atenção para o código da mensagem e sua estrutura lógico-sintática, de onde extrai conteúdos semânticos, ou de uma semântica intencional, em que a atenção se volta para o emissor da mensagem.

2.7.2 Hermenêutica como compreensão, interpretação e aplicação de textos: uma abertura para a hermenêutica jurídica

A separação entre compreensão (*subtilitas intelligendi*), interpretação (*subtilitas explicandi*) e aplicação (*subtilitas applicandi*) nos foi legada pela tradição hermenêutica, que afirmava existir uma hermenêutica *filológica*, uma *teológica* e uma *jurídica*, distintas entre si e cada qual com seu próprio método, de modo que somente seria possível falar em um conceito pleno de hermenêutica na hipótese de se considerar essas três espécies conjuntamente. A distinção entre elas era marcada, sobretudo, pelo problema da aplicação.

Somente na hermenêutica teológica e na jurídica subsistia certa tensão entre texto (da lei ou da bíblia) e sua aplicação ao caso concreto. Gadamer (1997), ao tecer críticas a essa tradição, observa que sua tese de fundo é de que um texto de lei e um texto bíblico não querem ser entendidos historicamente, pois, diferentemente da hermenêutica filológica, nestes dois casos, compreender implica sempre aplicar. Ou seja, "[...] isso implica que o texto, lei ou mensagem de salvação, se se quiser compreendê-lo adequadamente, isto é, de acordo com as pretensões que o mesmo apresenta, tem de ser compreendido em cada instante, isto é, em cada situação concreta de uma maneira nova e distinta" (GADAMER, 1997, p. 461).

Esse talvez tenha sido um dos maiores desafios enfrentados por Gadamer (1997, p. 460), em *Verdade e método*, de modo que seu objetivo principal consistiu em "dar um passo mais além da hermenêutica romântica, considerando como um processo unitário não somente a compreensão e interpretação, mas também a aplicação". Conforme observa Schmidt (2014, p. 12), para Gadamer a "'hermenêutica' é a teoria filosófica do conhecimento que afirma que todos os casos de compreensão envolvem necessariamente tanto interpretação quanto aplicação".

Assim como Heidegger, Gadamer parte da concepção de que compreensão e interpretação não são atos separados, no sentido de que primeiro compreendemos e somente depois interpretamos. Vai dizer, nesse sentido, que "a interpretação não é um ato posterior e oportunamente complementar à compreensão, porém, compreender é sempre interpretar, e, por conseguinte, a interpretação é a forma explícita da compreensão" (GADAMER, 1997, p. 459).

A partir de então, observa que a fusão interna entre compreensão e interpretação traz consigo um outro problema, que é justamente a completa desconexão entre a aplicação e o contexto da hermenêutica. Seu esforço, portanto, consiste em mostrar que "a aplicação não é uma parte última e eventual do fenômeno da compreensão, mas que o determina desde o princípio e no seu todo" (GADAMER, 1997, 482).

Para tanto, toma justamente a hermenêutica jurídica como objeto de análise, pois, distintamente da hermenêutica teológica, que havia se integrado à unidade do método histórico-filológico, a jurídica era a única que se mantinha num objetivo estritamente dogmático. Ou seja, enquanto a hermenêutica geral, como teoria geral da compreensão de textos, havia alcançado a condição de método das ciências do espírito a partir da noção de consciência histórica, observa Gadamer que a hermenêutica jurídica, por sua vez,

> não teria a ver com esse nexo, pois não procura compreender textos dados, já que é uma medida auxiliar da *praxis* jurídica e inclina-se a sanar certas deficiências e casos excepcionais no sistema da dogmática jurídica. Por consequência não teria a menor relação com a tarefa de compreender a tradição, que é o que caracteriza a hermenêutica espiritual-científica (GADAMER, 1997, p. 482).

Em face desse problema, Gadamer investiga tanto o comportamento do *historiador jurídico* quanto o do *jurista*, para saber se, de fato, há diferença do ponto de vista hermenêutico entre o interesse dogmático e o interesse histórico. A conclusão a que chega Gadamer (1997, p. 487) é de que "o conteúdo fático do que compreendem de um e de outro modo vem a ser o mesmo". Isso porque, assim como o jurista, o intérprete (historiador ou qualquer outro que não seja o juiz ou "aplicador" da lei) também procura confrontar-se com a tradição e aplicá-la a si mesmo. Observa, assim, Gadamer que:

> o intérprete não pretende outra coisa que compreender esse geral, o texto, isto é, compreender o que diz a tradição e o que faz o sentido e o significado do texto. E para compreender isso ele não deve querer ignorar a si mesmo e a situação hermenêutica concreta, na qual se encontra. Está obrigado a relacionar o texto com essa situação, se é que quer entender algo nele (GADAMER,1997, p. 481-482).

A aplicação, portanto, não consiste em particularidade da hermenêutica jurídica, que a distingue das demais, pois não é possível o conhecimento histórico em que o passado esteja em desconexão com o presente; ou seja, o diálogo com a tradição acontece, inevitavelmente, numa situação hermenêutica presente. E isto, vai dizer Gadamer (1997, p. 487), "é o que realiza o jurista na sua tarefa prático-normativa, quando procura 'realizar a sobrevivência do direito como um continuum e salvaguardar a tradição da ideia jurídica". A hermenêutica, como condição existencial do ser humano, que é inevitavelmente hermenêutico, alcança, com Gadamer, sua universalidade ou transcendentalidade.

Todavia, se, por um lado, a aplicação não é algo próprio da hermenêutica jurídica, sendo inerente à hermenêutica em geral, por outro, também a hermenêutica jurídica não implica somente aplicação, mas também compreensão e interpretação. Para Gadamer (1997), quando o juiz ou qualquer outro aplicador entra em contato com o texto de lei, certamente procura, por uma questão de *práxis*, resolver uma necessidade do presente. Mas, também em seu caso, compreender e interpretar implicam reconhecer um sentido vigente, pois a tarefa da interpretação jurídica consiste em concretizar o texto da lei em cada caso, atribuindo-lhe um sentido jurídico-normativo, e isto nada mais é do que sua aplicação. Desta feita, conclui Gadamer (1997, p. 488) que "o caso da hermenêutica jurídica não é, portanto, um caso especial, mas está capacitado para devolver à hermenêutica histórica todo o alcance de seus problemas e reproduzir assim a velha unidade do problema hermenêutico, na qual o jurista e o teólogo se encontram com o filólogo".

Com isso, "a aplicação não significa que primeiro compreendemos o texto e depois o aplicamos a nossa própria compreensão. Em vez disso, a aplicação é uma parte integral da própria compreensão" (SCHMIDT, 2014, p. 156). Observa, ainda, Schmidt (2014, p. 156) que "Gadamer agora afirmará que toda compreensão interpretativa requer aplicação para projetar o significado do texto. A aplicação é 'uma parte tão integral do processo hermenêutico quanto a compreensão e interpretação".

Gadamer (1997) confere, desse modo, à hermenêutica uma dimensão universal, inerente à condição humana enquanto consciência historicamente situada, que atua mediante atos de compreensão, interpretação e aplicação, todos indissociáveis entre si. Ao compreender um texto, projetamos nele nossos preconceitos, que são sempre preconceitos linguísticos, interpretando-o por meio de uma fusão de horizontes, o que significa trazer o texto para o interior de nosso horizonte presente. Para Gadamer, portanto, o compreender é sempre um caso especial da aplicação, em que algo geral é trazido para uma situação concreta e particular.

Capítulo III

LINGUAGEM, *PRÉ*-CONCEITOS, CULTURA E DIREITO: O MUNDO PANTÉCNICO E A INEVITABILIDADE DE UMA HERMENÊUTICA JURÍDICA *PÓS* GIRO LINGUÍSTICO

3.1 Esfera pública e esfera privada: preconceitos fundamentais em transição

Conforme visto no capítulo anterior, *preconceito* é uma ideia central na hermenêutica gadameriana, em torno da qual orbitam as noções de autoridade, tradição, aculturação pela linguagem e horizonte cultural. Toda essa construção coloca em destaque a figura do intérprete e sua situação hermenêutica, que, segundo Gadamer (1997, p. 457), "[...] está determinada pelos preconceitos que trazemos conosco. Estes formam assim o horizonte de um presente, pois representam aquilo mais além do qual já não se consegue ver". Por evidente que isso não implica colocar o intérprete em destaque, tomando-o como um sujeito transcendental (razão subjetiva pura), mas, sim, como um ser finito e situado historicamente, dotado daquilo que Dascal (2006) chamou de "conhecimento de fundo ou *background*", que nada mais é do que o seu horizonte constituído pelo conjunto de seus preconceitos forjados na e pela linguagem.

Há, sob essa perspectiva, um deflacionamento do código e de seu autor – os quais são privilegiados na perspectiva de uma semântica formal e intencional, respectivamente (HABERMAS, 2002)[37] –, em detrimento do destaque conferido ao receptor da mensagem (o intérprete) enquanto construtor/produtor de sentidos e de realidades. Para falarmos ao modo de Dascal (2006), a atividade do intérprete em modelos hermenêuticos centrados no código ou no seu emissor é de descoberta do sentido, ao passo que no modelo hermenêutico centrado no próprio intérprete essa atividade é criadora de sentido. O texto torna-se, assim, um parceiro de uma conversação hermenêutica, que só pode falar através do seu intérprete. Daí por que vai dizer Gadamer (1997, p. 566) que "na ressurreição do sentido do texto já se encontram sempre implicadas as ideias próprias do intérprete".

No âmbito da hermenêutica jurídica, isso significa, *prima facie*, privilegiar os destinatários ou intérpretes do direito em detrimento dos textos jurídicos, *em si,* ou das intenções contidas na mente de quem os criou (o legislador). Em termos de linguagem, implica conferir maior destaque ao receptor da mensagem e menos ao seu código ou ao seu emissor. No plano filosófico, consiste em adotar como "modo de vida" as lentes do horizonte da filosofia da linguagem e da filosofia hermenêutica contemporânea,

---

37. De acordo com Habermas (2002), a semântica intencional considera aquilo que o autor da mensagem tem em mente, ao passo que a semântica formal considera apenas a estrutura gramatical da mensagem, sem levar em conta os sujeitos falantes. Ambos os casos tomam a linguagem como um *tertium*, ou seja, como um terceiro elemento entre o sujeito e o objeto a ser interpretado, o que denuncia o horizonte filosófico da consciência.

em vez da filosofia do *ser* ou da consciência, concebendo o mundo como um constructo da linguagem operada por sujeitos em contextos de fala.

Não há, nesse sentido, interpretação *ex nihilo*, de modo que, fazendo uso de uma famosa frase do poeta Fernando Pessoa,[38] pode-se dizer que o intérprete é alguém (um ser-aí no mundo) que sempre "traz seu passado na algibeira". Dito ao modo de Flusser (2007, p. 188), implica reconhecer que "cada palavra, cada forma gramatical é uma mensagem que nos chega do fundo do poço da história, e por meio de cada palavra e cada forma gramatical a história conversa conosco". Ou seja, ao aprendermos uma linguagem adquirimos/herdamos um conjunto de preconceitos, de modo que nossa compreensão, que se dá no presente, carrega consigo as marcas de nossos antecessores (do passado). Daí por que na hermenêutica filosófica de Gadamer (1997) não se concebe o horizonte do presente à margem do passado, do que resulta na compreensão entendida como uma participação num evento da tradição.

Entretanto, vimos que o horizonte do presente não consiste num estoque ou acervo fixo de preconceitos herdados do passado, dado que se encontra "num processo de constante formação, na medida em que estamos obrigados a pôr à prova constantemente todos os nossos preconceitos" (GADAMER, 1997, 457). Na esteira de Schmidt (2014, p. 150), "a tradição, enquanto linguagem herdada, oferece a antecipação do significado, enquanto o intérprete, através de seu juízo crítico, continua a formar a tradição". Assim, o conceito de horizonte contempla, necessariamente, uma situação hermenêutica em constante (trans)formação, em que novos preconceitos são incorporados ao tempo em que

38. ANIVERSÁRIO (05.10.1929): Poema de Fernando Pessoa sob o heterônimo de Álvaro de Campos. PESSOA, Fernando. *O Eu Profundo e os Outros Eus*. 3. ed. Rio de Janeiro: Companhia José Aguilar Editora, 1974 (seleção poética).

outros vão sendo deixados de lado mediante exercício crítico por parte do intérprete.

O Homem (intérprete) é tomado, nesse contexto, como um ser portador de natureza dupla – corpórea e espiritual –, de sorte que a manutenção e transmissão dessa forma particular requer aculturação, ou seja, requer o aprendizado de uma linguagem, o que se dá por meio de instituições físicas e espirituais (JAEGER, 2001). Conforme apontam Ferraz Jr. e Borges,

> Ao nascer, o indivíduo já se depara com esse "acervo histórico de sentidos" [...]. Estas instituições, ao fornecerem/imporem ao indivíduo, para além de uma cultura peculiar, classificações, padrões de experiências e esquemas de ação, orientam seus pensamentos, suas escolhas, seus juízos, suas tomadas de decisão, e, principalmente, suas ações (FERRAZ JR.; BORGES, 2020, 30).

Desta feita, cultura,[39] autoridade e tradição, enquanto manifestações da linguagem, assumem, assim, preponderância fundamental, manifestando-se através de família, igreja, localidade, escola, época, organização social e estatal, direito etc., a partir dos quais preconceitos ou pré-juízos são transmitidos às novas gerações ao tempo em que novos preconceitos surgem com estas, caracterizando a fusão de horizontes de que falou Hans-Georg Gadamer.

No plano comunicacional, a cultura cumpre a função de memória, armazenando informações, a fim de que sejam adquiridas, processadas e retransmitidas (FLUSSER, 2014). Esse conjunto forma aquilo que Ferraz Jr. e Borges (2020) chamam de "acervo histórico de sentidos",[40] que

---

39. Conforme Flusser (2014), cultura é tudo aquilo (artefatos ou instrumentos construídos pelo homem) no qual armazenamos e por meio do qual transmitimos informação, tais como cidades, países, edifícios, bibliotecas, artes etc.

40. "Os sentidos se formam nas vivências individuais apenas num primeiro estrato, num plano mais inferior, porém, à medida que a sua experiência jamais pode ser isolada, estratos superiores o conectam com sentidos vindo das experiências dos outros, objetivando o próprio 'agir social' e o 'sentidos comumente vivenciados'.

consiste na estrutura ideológica das instituições, cuja função central é nivelar e homogeneizar os preconceitos herdados, atenuando ansiedades, inquietações e temor diante do novo e das vicissitudes da vida.

As instituições são, portanto, artefatos da cultura, que uniformizam a produção de sentidos e regulam sua transmissão. Assim, "ainda que divergências haja, nas comunidades da vida há uma 'comunhão' de sentidos, ao menos sobre valores e questões primordiais. Comunidade de vida são, então, comunidades de sentido, se tudo mantiver-se nas mesmas condições" (FERRAZ JR.; BORGES, 2020, p. 32).

Entre os preconceitos que a tradição legou às gerações do mundo ocidental ao longo dos séculos, importa conferir destaque à dicotomia fundamental existente entre as noções de "esfera pública e esfera privada". Dada a importância desses preconceitos na formação da cultura ocidental e, sobretudo, da cultura jurídica, compondo, em posição de destaque, o horizonte cultural a partir do qual se desenrola o processo hermenêutico de compreensão, interpretação e aplicação do Direito, é fundamental investigar sua genealogia, a fim de que um exercício crítico-constructivo quanto à legitimidade deles seja adequadamente feito.

Trata-se, assim, de duas categorias indissociáveis entre si, cujas origens remontam ao período grego clássico. Habermas (2003, p. 15), em trabalho dedicado à esfera pública no início da década de 60 do século passado,[41] observa que "na cidade-estado grega desenvolvida, a esfera da *pólis* que é comum aos cidadãos livres (koiné) é rigorosamente separada da esfera do *oikos*, que é particular a cada indivíduo (*idia*)".

Não há, portanto, um sentido que possa ser apenas e puramente individual, já que sua formação é obrigatoriamente um produto complexo das percepções individuais das experiências, mas também, do 'acervo social' que se vivencia concomitantemente" (FERRAZ JR.; BORGES, 2020, p. 32).

41. *Mudança estrutural da esfera pública*, obra publicada em 1962.

Com efeito, e conforme muito bem elucidou Hannah Arendt (2009), desde os gregos, a noção de privado remete àquilo que se processa no interior da casa (*oikia*), reservada à intimidade e a tudo que se passa ao largo de olhos alheios, em que o ser humano leva uma vida singular (como um idiota: *idion*).[42] Reunia em torno de si as noções de casa, família e tudo aquilo que se considerava como fútil e vergonhoso, dizendo respeito às necessidades vitais de sobrevivência e manutenção biológica da vida (alimentação e reprodução). Significava, originalmente, estar privado da convivência entre seus pares/iguais.

A noção de público, por sua vez, foi legada às gerações do mundo ocidental como tudo aquilo que pode ser colocado à mostra na praça pública (*polis*) e que se passa entre cidadãos tidos como iguais entre si (*zoon politikon*). Reunia em torno de si as noções de Estado (*polis*) e de tudo o que acontecia entre os cidadãos em condições de liberdade. Significava, assim, o espaço onde se podia estar na presença de outros e compartilhar um mundo comum, agindo entre iguais e realizando feitos dignos de honra e de serem expostos aos olhos alheios (ARENDT, 2009).

Essas noções, vai dizer Habermas (2003), foram transmitidas estilizadamente de geração em geração, desde os clássicos até os dias de hoje, com autêntica força normativa. Não se trata, segundo esse autor, de formação social, mas, sim, de modelo ideológico ou de categorias centrais transmitidas ao longo dos séculos, de modo que não somente o homem comum, mas as instituições e, sobretudo, as ciências (Direito, Política, Sociologia etc.) ainda não conseguiram arrumar um substituto para as tradicionais categorias "esfera pública e esfera privada". Em vista disso, e conforme disse Gadamer, importa empreendermos juízo crítico desses dois (pré)conceitos centrais, avaliando sua

42. Uma pessoa privada – indivíduo – denomina-se, em grego, ιδιώτης (*idiótes*).

legitimidade na composição de nosso horizonte cultural em face da compreensão, interpretação e aplicação do direito nos dias atuais.

3.1.1 A *condição humana* delimitada a partir da dicotomia "esfera pública e esfera privada"

Essas duas categorias centrais – esfera pública e esfera privada – levaram Hannah Arendt (2009) a evidenciar as manifestações mais elementares da espécie humana, possibilitando a problematização acerca daquilo que "estamos fazendo" no planeta Terra. Segundo essa autora, três atividades fundamentais definem a vida tal como ela foi dada ao Homem na Terra (*vida activa*), circunscrevendo aquilo que chamou de "a condição humana", quais sejam: *labor*, *trabalho* e *ação*.

Segundo Arendt (2009), o *labor* dimensiona o homem sob a perspectiva do *homo laborans*, delimitando as atividades circunscritas aos processos biológicos e, portanto, às necessidades vitais ligadas à própria vida. O *trabalho* dimensiona o homem sob a perspectiva do *homo faber*, delimitando as atividades circunscritas ao processo artificial e produtivo de coisas que são acrescidas ao mundo natural, configurando a mundanidade do homem. A *ação* dimensiona o homem sob a perspectiva da *práxis*, pois decorre das atividades (ação e discurso) exercidas pelo homem singular, porém, inserto no âmbito da pluralidade entre seus pares (iguais), dimensionando a vida política (na *polis*). Cabe destacar que mesmo *labor* e *trabalho*, que não requerem ação e discurso entre os homens, condicionam-se ao fato de os homens viverem (estarem) juntos. Tanto que, para Arendt (2009), o *labor* em solidão, ainda que possível, transforma o homem em um ser biológico destituído de humanidade (*animal laborans*). O *trabalho* em solidão, de modo a fabricar um mundo só dele, converteria o homem em um deus, o que também o destituiria de sua humanidade.[43]

Ao longo dos séculos, ocorreu o que pensadores como Arendt (1958), em *A condição humana*, e Habermas (1962), em *Mudança estrutural da esfera pública*, chamaram de corrosão ou decadência do espaço público (ou diluição da distinção entre público x privado), consubstanciada pela transposição das atividades que se passavam, originalmente, na esfera privada, para a esfera pública. Primeiro, com aumento da preocupação com a propriedade privada na era moderna, assistiu-se a ascensão (reificação) do trabalho da esfera privada para a pública, constituindo aquilo que se convencionou chamar de social (sociedade como organização de proprietários), o que deu ensejo à substituição da *ação* pela *fabricação* e consequente vitória do *homo faber*. Em seguida, com a cultura de massa na era contemporânea, houve a ascensão da esfera do consumo (sociedade de consumidores), em que o *labor* (e todos os seus processos biológicos), uma vez exposto no espaço público, levou à vitória do *homo laborans*.

Entretanto, mesmo diante da transposição de atividades da *vida activa* (condição humana) de um espaço para outro, esfera pública e esfera privada continuaram sendo categorias centrais, sobretudo para o Estado moderno e para sua institucionalização jurídica (HABERMAS, 2003). São duas categorias (ou preconceitos) basilares, com base nas quais um acervo de outros preconceitos ou pré-juízos foram sendo forjados e transmitidos de uma geração para outra ao longo dos séculos, possibilitando a compreensão da condição humana, tal como ela foi dada ao Homem na

43. O único mundo possível ao homem e que se apresentava como alternativa às noções de esfera pública e esfera privada e, portanto, às atividades inerentes à *vida activa* (*labor*, *trabalho* e *ação*), era a *vida contemplativa*, em que o homem, enquanto um *bios theoretikos*, e não um *bios politikos*, se mantinha humano em solidão com seus pensamentos.

Terra,[44] do que é resultado a forma como o jogo de linguagem do Direito foi organizado, a fim de delimitar seus institutos com vistas à regulação de condutas intersubjetivas, que se concretizam, inexoravelmente, dentro desses dois espaços.

Por exemplo, Kelsen (2009), em sua *Teoria pura do direito*, problematizou essas duas categorias fundamentais (esfera pública e esfera privada), sobretudo porque ambas estão na base da distinção construída pela dogmática jurídica entre direito público e direito privado. Vai dizer esse jurista, a partir disso, que a distinção entre direito público e direito privado assenta-se na ideia de relação jurídica: enquanto a relação jurídica de direito privado caracteriza-se pela participação das partes na constituição da norma jurídica, na relação jurídica de direito público não há essa participação, sendo a norma jurídica produzida por manifestação unilateral de vontade por parte do Estado.[45]

Bobbio (2009) também se apoia no par dicotômico "público x privado", fazendo uso axiológico dessas categorias para compreensão do fenômeno jurídico. O autor fala, inicialmente, no primado do direito privado, dando destaque

---

44. Uma vez que se implicam, não há como pensar na ideia de espaço privado sem espaço público, e vice-versa. Conforme será visto mais adiante, essas duas categorias centrais deixam de fazer sentido enquanto preconceitos herdados somente ante a possibilidade do surgimento de um mundo alternativo, como é o caso do mundo virtual decorrente da revolução no plano comunicacional, onde a noção de espaço público e privado (dentro e fora) perdem o sentido que tradicionalmente lhes foi conferido.

45. Para Kelsen (2009), entretanto, a distinção entre esfera pública (política) e esfera privada (apolítica) tinha a pretensão, dentro do direito, de escamotear o fato de que o direito privado não é menos espaço político do que o direito público. Assim, defendia Kelsen que tanto a norma jurídica produzida numa relação jurídica privada quanto a produzida por um suposto ato unilateral do Estado apenas se realizam em função de uma regra geral e abstrata (lei). Essa percepção levou Kelsen a questionar essa distinção fundamental entre direito público e direito privado, apontando que nunca houve uma delimitação clara e satisfatória entre ambos, o que, por sua vez, induziu Kelsen a questionar uma legalidade aplicada ao direito público, distinta daquela aplicada ao direito privado.

ao fato de que o direito privado – cujos institutos primordiais são a família, o contrato, a propriedade e os testamentos – foi, durante séculos, o direito por excelência (o direito da razão). Posteriormente, fala no advento do primado do direito púbico sobre o privado, marcado pela intervenção regulatória e coativa do Estado sobre as condutas dos indivíduos e na regulação das instituições sociais, com base na ideia de que o todo é mais do que a soma das partes (supremacia do interesse público), tal como ocorre na era moderna, em que o Estado surge como organização burocrática onipresente territorialmente, impondo sua vontade a seus jurisdicionados (BOBBIO, 2009). Daí, por exemplo, a ideia de "Estado como a *ordem jurídica soberana que tem por fim o bem comum de um povo situado em determinado território*" (DALLARI, 2010, p. 119).

Vê-se, assim, a importância dessa dicotomia na formação de nossos preconceitos em relação à compreensão, interpretação e aplicação do direito. Segundo Carlos Ari Sundfeld (2009), desde Roma, Ulpiano já apontava o direito público como atinente ao modo de ser do Estado, enquanto o direito privado dizia respeito aos interesses particulares. Em razão de sua generalidade (tal como "bom e mau", "céu e inferno", "esquerda e direita" etc.), essas duas categorias fundamentais permitiram aos intérpretes uma determinada postura cognitiva em relação ao direito moderno, delimitando sua situação hermenêutica de sorte que uma série de institutos jurídicos subsequentes foram categorizados a partir dessa noção inicial: *interesse* público x *interesse* privado; *bem* público x *bem* privado; *pessoa* jurídica de direito público x *pessoa* jurídica de direito privado; *relação* jurídica de direito público x *relação* jurídica de direito privado etc. (SUNDFELD, 2009).

Na esteira de Ferraz Jr. e Borges (2020), o direito, enquanto conjunto de regras dadas pelo Estado, aparece, dentro desse quadro, como uma instituição redutora de complexidades inerentes ao "mundo da vida". O direito comparece, assim, como um artefato linguístico-cultural (ligado à ideia de *Estado*), armazenando e possibilitando a transmissão de sentidos normativos ancorados no código binário basilar "lícito x ilícito", os quais, por sua vez, qualificam condutas que se passam, inexoravelmente, nas esferas pública e privada. Por isso vai dizer Lenio Streck que

> [...] quando o operador do Direito fala do Direito ou sobre o Direito, fala a partir do seu "*desde-já-sempre*", o *já-sempre-sabido* sobre o Direito, enfim, como o Direito *sempre-tem-sido*, isto é, como ele "é" e tem sido estudado nas faculdades, reproduzido/estandardizado/banalizado nos manuais e aplicado cotidianamente (STRECK, 2021, p. 378).

Entretanto, e conforme destaca Ferraz Jr. (2019), as profundas transformações sociais decorrentes da revolução tecnológica, que deu ensejo ao surgimento de um mundo pantécnico, solaparam as fronteiras entre esfera pública e esfera privada, alterando radicalmente a compreensão, interpretação e aplicação dos institutos jurídicos, ensejando o que o autor tem reiteradamente denominado de "crise de sentidos", que resulta justamente na percepção crítica de que determinados preconceitos não são mais legítimos à atual situação hermenêutica do homem, sobretudo em relação ao fenômeno jurídico.

Por se tratar de uma revolução que, ao fim e ao cabo, se passa no plano comunicacional (plano da linguagem), é importante, mesmo que brevemente, traçarmos a relação entre comunicação e as noções de "esfera pública e esfera privada".

3.1.2 A estrutura comunicacional delimitada pelas esferas pública e privada

Vilém Flusser, em sua obra póstuma *Comunicologia: reflexões sobre o futuro*, traça uma relação entre comunicação (linguagem) e as noções de esfera pública e esfera privada. Compreender essa relação é de fundamental importância para o dimensionamento da revolução cultural pela qual passa a sociedade e todos os seus artefatos culturais em tempos hodiernos, em especial o fenômeno jurídico. Segundo o autor, a comunicação humana pode ser reduzida a três processos elementares: armazenamento, processamento e transmissão de informações (FLUSSER, 2014). Esfera pública e esfera privada circunscreveram, tradicionalmente, os espaços dentro dos quais as informações são armazenadas, processadas e transmitidas.

Armazenamos informações no conjunto de artefatos humanos que denominamos de cultura (o direito positivo, por exemplo, é um artefato cultural). Ter acesso à cultura significa ter acesso a informações, ou seja, significa ter acesso ao legado da tradição (autoridade) que forma nossos preconceitos. De acordo com Flusser (2014), no plano comunicacional as informações armazenadas são herdadas de duas formas: através do diálogo e do discurso.

O diálogo possibilita que informações contidas em memórias diferentes sejam trocadas entre si, gerando mais informações. O discurso, por sua vez, possibilita que informações armazenadas em uma memória sejam transmitidas para outras memórias. Assim, enquanto o diálogo amplia a informação, o discurso apenas a mantém. No diálogo não se distingue receptor e emissor no processo comunicacional, pois todos os participantes do diálogo assumem ambos os papéis, enquanto no discurso há clara distinção entre emissor e receptor da informação (FLUSSER, 2014).

Diálogo e discurso mantêm, entre si, relação de simbiose: por meio do discurso informações que foram anteriormente elaboradas no diálogo são transmitidas do emissor para receptor, enquanto por meio do diálogo as informações recebidas graças ao discurso são trocadas simetricamente entre memórias distintas, gerando mais informações. Desta feita, pode-se concluir que onde o discurso predomina, pouco se gera de informações novas, ensejando o empobrecimento da cultura (FLUSER, 2014).

O equilíbrio entre diálogo e discurso e, por sua vez, entre geração e transmissão de informações depende da estrutura comunicacional. Segundo Flusser (2014), estruturas comunicacionais em forma de círculo ou em forma de rede possibilitam que o discurso se reverta em diálogo, pois são dadas ao receptor as condições para interagir com o emissor (autor), e vice-versa. Por outro lado, em estrutura comunicacional sob a forma de pirâmide (como ocorre em estruturas hierarquizadas, a exemplo da relação entre o Estado moderno e o indivíduo/sociedade e, de modo específico, em Estados totalitários) ou sob a forma de feixe (como ocorre na comunicação realizada por mídias de massa, tais como rádio e televisão), não são criadas as condições para interação entre emissor e receptor da mensagem, prevalecendo o discurso, o que possibilita apenas a transmissão, em detrimento da geração de informações.

Em síntese, quando é possível estabelecer uma nítida distinção entre emissor e receptor da mensagem, então estamos diante de uma estrutura comunicacional enfeixada ou sob a forma de pirâmide (hierarquizada). Por outro lado, quando esta distinção não é possível, então estamos diante de uma estrutura comunicacional em forma de círculo ou, com a revolução tecnológica dos tempos atuais, diante de uma estrutura comunicacional em rede.

Partindo da ideia de espaço – "dentro e fora" –, Flusser (2014) destaca que a esfera pública contém tudo aquilo que surge no espaço externo, πόλις (*pólis*) ou *res publica*, enquanto a esfera privada contém tudo aquilo que se mantém no espaço interno da casa, `οικία (*oikía*) ou *res privata*. Da configuração (separação) espacial entre esfera pública e privada, afirma Flusser (2014, p. 90) que "a comunicação é um movimento pendular do privado para o público, para publicar; e do público para o privado, para privatizar".

A esfera pública (*pólis*) consiste, assim, no espaço onde a informação armazenada é transmitida entre aqueles que interagem nesse espaço, gerando mais informações; enquanto a esfera privada (casa – *oikia*) é o espaço onde a informação, antes adquirida no espaço público, é processada. Atravessa-se a porta da casa, segundo Flusser (2014), para publicar o privado e, em retorno, para privatizar o público.

Frequentar a esfera pública, portanto, significa trocar ou cambiar informações, ao passo que permanecer na esfera privada significa processar as informações recebidas no espaço público. Dito de outro modo, ir à esfera pública significa receber, transmitir e gerar informações por meio do discurso e, sobretudo, do diálogo: "você expõe o que fez em casa e leva para casa, de volta, algo daquilo que foi exposto. Você sai de casa para tornar algo público e para, depois, privatizar o que é público" (FLUSSER, 2014, p. 81).

Esse ponto é importante, pois quando a estrutura comunicacional se apresenta sob a forma de pirâmide ou de feixe, o discurso tende a prevalecer. Nesse caso, há uma clara distinção entre o autor da mensagem e o receptor, havendo pouca interação ou diálogo (troca de papéis) entre os dois e, por sua vez, déficit na geração de novas informações. Uma vez que o foco está no autor (emissor) e no código da mensagem, não ocorre a conversação hermenêutica e a fusão de horizontes de que falou Gadamer, ensejando herança acrítica de preconceitos herdados da tradição (autoridade). A cultura, em casos como esse, tende ao empobrecimento.

A esse respeito, e com fulcro em Arendt (2009), importa o registro de que a ascensão do *homo faber* e, posteriormente, do *homo laborans* à esfera púbica, resultando, respectivamente, na vitória do *trabalho* e do *labor* sobre a *ação*, favoreceram as estruturas comunicacionais em pirâmide ou em feixe. De um lado, o Estado moderno, detentor da soberania e presença normativo-coativa sobre todas as atividades humanas (*vida activa*), dotou-se de rígida estrutura hierárquica, altamente formalizada, a fim de se comunicar com seus cidadãos.[46] De outro, a intensificação da sociedade de massa também favoreceu o enfeixamento de informações por meio de emissoras (rádio e televisão). Esse quadro foi facilitado pelo fato de que tanto o *homo faber* quanto o *homo laborans* prescindem de diálogo nas suas interações, orientando suas ações por meio da mercancia de produtos fabricados ou do seu simples consumo. Em ambos os casos, há, no processo comunicacional, um emissor claramente distinto do receptor, em que o discurso, em detrimento do diálogo, predomina.

Assim, a caracterização da esfera pública e da esfera privada pela comunicação estruturada sob a forma piramidal ou enfeixada tende, portanto, a privilegiar mais o código e o emissor da mensagem, e muito menos o seu receptor (intérprete). Em termos hermenêuticos, preconceitos herdados com base nas noções de esfera pública e esfera privada, acrescidos de estruturas comunicacionais sob forma piramidal ou enfeixada, conduzem à construção de uma realidade sob a ótica de quem produz a comunicação (emissor), e não sob a ótica de quem a recebe (o intérprete). Para que o intérprete (receptor) assuma papel de relevo no processo comunicacional é preciso que o diálogo, e não o discurso, prevaleça.

É verdade que esse estado de coisas no plano comunicacional (da linguagem) reduz complexidades, ao gerar plataformas de preconceitos que são transmitidos de uma geração a outra, uniformizando a produção/construção de sentidos e, por sua vez, homogeneizando a criação de realidades. Sob esse aspecto, pode ser sustentado que uma

46. Não por outra razão, as propostas teóricas de definição do Estado moderno o trazem como uma ordem jurídica dotada de soberania, portadora do monopólio de produção do direito e de uso da força com o objetivo de assegurar o bem como daqueles situados em seu território (DALLARI, 2010).

estrutura comunicacional sob a forma piramidal ou enfeixada, vinculada às noções centrais de esfera pública e esfera privada, leva àquilo que Ferraz Jr. e Borges (2020, p. 31-32, grifos dos autores) chamam de configuração do indivíduo "pelas instituições que administram as *reservas de sentidos*", de sorte que a subjetividade ou os preconceitos são moldados, empurrando o agir individual conforme os preconceitos ou pré-juízos ditados pelas instituições.

Entretanto, a revolução que aconteceu (e ainda está em curso) no plano da comunicação coloca em xeque a legitimidade de tais preconceitos, de modo que a tradicional distinção entre esfera pública e esfera privada não fornece mais as estruturas prévias adequadas à compreensão do mundo da vida e, sobretudo, do fenômeno jurídico. Essa é, segundo Gadamer (1997), uma questão hermenêutica central, pois implica o exercício crítico acerca da legitimidade de nossos preconceitos, fixando os limites entre um exercício verdadeiramente hermenêutico e interpretações meramente arbitrárias.

3.2 Horizonte cultural e revolução comunicacional: a era do *homo ludens*

A revolução tecnológica experimentada pelo mundo nas últimas décadas do século passado, e intensificada nos anos do presente século em que vivemos, alterou radicalmente esse estado de coisas. O cerne dessa revolução está na alteração dos padrões tradicionais da linguagem (plano comunicacional), pois transformou a informação numa espécie de *commodity*, provocando um verdadeiro "curto-circuito nas relações humanas" (FERRAZ JR., 2014).

A radicalidade dessa transformação tecnológica está em que ela simplesmente solapou o sentido atribuído às noções de "esfera pública e esfera privada" e tudo o que delas decorre, pois engendrou o surgimento de um novo espaço dentro do qual se desenrola a *vida activa*, qual seja: o *ciberespaço*. Em decorrência desse novo espaço determinante à condição humana, novos preconceitos surgem e passam a compor o acervo de nossa cultura.

3.2.1 Desaparecimento da esfera pública e da esfera privada: o *ciberespaço* como o habitat do *homo ludens*

Em sua obra *Cibercultura*, Pierre Lévy (1999, p. 92, grifos do autor) define ciberespaço[47] "como *o espaço de comunicação aberto pela interconexão mundial dos computadores e das memórias dos computadores*". Tendo escrito no final do século XX, o autor aponta em sua obra que "a perspectiva da digitalização geral das informações provavelmente tornará o ciberespaço o principal canal de comunicação e suporte de memória da humanidade a partir do início do próximo século" (LÉVY, 1999, p. 93).

Flusser (2014), com igual precisão, também fez profundas reflexões sobre o surgimento do virtual como um espaço alternativo, senão o principal, no qual não caberia a divisão tradicional "espaço público e espaço privado". Segundo Flusser (2014, p. 99), "no espaço virtual, não se pode falar em fora e dentro", de modo a não fazer mais sentido a ideia de privado e público nesse espaço.

O espaço virtual ou o ciberespaço consiste, assim, no *lócus* alternativo ao tradicional mundo da vida (*Lebenswelt*), no interior do qual a *vida activa* passa a ser caracterizada por outra atividade humana: em vez de *laborar*, *fabricar* ou *agir*, *digita-se*. Conforme observa Ferraz Jr. (2014, p. 75), dentro desse espaço, "o ser humano não é mais uma *persona* de ações concretas, mas sim um *performer* (*ludens*), que

---

47. Segundo o autor, a expressão foi inventada em 1984 por Wiliam Gibson, em seu romance de ficção científica *Neuromante*.

não *age*, mas *digita*". Segundo esse autor, o virtual, nome dado a essa nova forma de ser, está destruindo o antigo espaço público, uma vez que "com a substituição da escrita pelo dígito, o mundo de imagens substitui o mundo de conceitos; o espaço público do direito torna-se o espaço da aparência em novo sentido: *show*, espetáculo; a rigor, em vez de *reading, roaming*" (FERRAZ JR., 2014, p. 76).

O cerne dessa revolução, nos termos já destacados, está na alteração radical que aconteceu na estrutura da comunicação humana, caracterizada, sobremodo, pela comutatividade do fluxo das informações. É que com o surgimento do espaço virtual alteram-se as estruturas comunicacionais tradicionais (pirâmide e feixe), passando a prevalecer a estrutura em rede, com o que as interações comunicativas entre um sujeito (um nó) e outro sujeito (outro nó) são essencialmente dialógicas e livres.

Estar conectado em rede significa transmitir, receber e gerar informações sem precisar se dirigir ao espaço público. Nesses termos, observa Fuller (2014) que sair de casa (*oikia*) não significa mais ganho de informação, mas, sim, perda. A ideia hegeliana de que quando estou em casa me perco do mundo já não faz mais sentido, de modo que, vai dizer Flusser (2014, p. 91), "quando quero ser informado, é melhor ficar em casa". Ou seja, ficar em casa não significa estar excluído do conhecimento, como acontecia antes da revolução comunicacional, quando frequentar o espaço público (a *polis*) significava definir o que se sabe sobre as coisas. A *res publica* e o engajamento político perdeu a função comunicológica, de modo que, assevera Flusser (2014, p. 91), "[...] a república não é desnecessária, mas incômoda".

Não quer isso dizer, por outro lado, que o espaço privado tenha permanecido ou reforçado seu âmbito. Espaço público e privado, enquanto categorias dicotômicas, são indissociáveis. O esfacelamento da esfera pública implicou, também, o desaparecimento da esfera privada, tal como concebida tradicionalmente. Conforme Flusser (2014, p. 91), "[...] não existe mais o espaço privado. Estava errado quando disse que fico em espaço privado. Minha casa não tem mais muros nem telhado. As paredes estão perfuradas por cabeamentos visível e invisível, como um queijo suíço. O telhado está perfurado por antenas". Espaço público e espaço privado estão totalmente tomados por cabeamentos visíveis e invisíveis, transformando-os em um novo espaço para a *vida activa*, que é o espaço virtual ou ciberespaço.

Vai concluir Flusser (2014, p. 207), nesse sentido, que "não existe mais espaço público nem espaço privado. A revolução da comunicação consiste basicamente em ela ter construído canais que ligam espaços privados entre si através do espaço público". Em face disso, a ideia de comunicação como um movimento pendular entre o espaço privado e o espaço público não existe mais, pois a revolução da comunicação fez desaparecer o sentido tradicionalmente conferido às palavras público e privado.

Essa revolução no plano comunicacional, engendrada pela revolução tecnológica, rompe, inevitavelmente, com perspectivas ainda ancoradas no horizonte da filosofia da consciência. Na comunicação em rede, assume o primeiro plano a intersubjetividade em contextos dialógicos, em detrimento de construções derivadas de um sujeito teórico e isolado. Em vez de estruturas comunicacionais centradas no código ou no emissor, adquire centralidade a figura dos participantes do diálogo, sem distinção entre emissor e receptor.

A capacidade da linguagem em mobilizar jogos de linguagem e criar realidades no mundo virtual torna-se cada vez mais evidente, dando prova inconteste de que língua e realidade são uma coisa só. Tais circunstâncias são evidências de que o horizonte da filosofia da linguagem passou a determinar, preponderantemente, o "modo de vida" contemporâneo, compondo o *background* a partir do qual os homens se relacionam entre si e com o mundo que os cerca.

Sai de cena a subjetividade isolada e atemporal de um sujeito transcendental, para abrir espaço ao sujeito considerado em sua finitude, situado histórica e culturalmente. Nesses termos, conforme observou Aguiar (1999), o sujeito ou a subjetividade subsiste não porque é capaz de, a partir de sua razão pura, elaborar modelos e teorias a serem aplicadas, mas, sim, de interagir como sujeito falante, capaz de articular suas pretensões num ambiente dialógico, em que nenhum sujeito detém, de antemão, posição absoluta.

Migra-se, desse modo, de uma condição humana caracterizada pela racionalidade subjetiva para uma condição humana caracterizada pela intersubjetividade, privilegiando-se a situação hermenêutica dos sujeitos em situação real (virtual) de fala (perspectiva do participante). Em vez de uma linguagem em terceira pessoa, focada no código ou no emissor, entra em cena a prática da linguagem em primeira ou segunda pessoa, em que o(s) receptor(es) assume(m) o papel principal. Enfim, em vez da busca por explicação, tão comum na perspectiva do observador, busca-se por compreensão/interpretação.

3.2.2 Fim das noções "esfera pública e esfera privada" e "crise de sentido" no plano jurídico-normativo

Enquanto a sociedade se manteve dentro de um padrão de complexidade historicamente uniforme, o horizonte da filosofia da consciência serviu de esteio para a configuração de certo "modo de vida", em que a relação entre homem e mundo tinha como pano de fundo a dicotomia sujeito x objeto, guiada por uma razão transcendental. Nesse contexto, as ciências resultam em verdadeiras tecnologias, servindo como instrumentos que, uma vez aplicados, permitem ao homem o domínio prévio das leis que regem a natureza física e social e, com isso, a resolução de problemas inerentes ao "mundo da vida".

O direito, sob essa perspectiva, apresenta-se como um conjunto de regras dadas pelo Estado, prevendo, de forma geral e abstrata, todas as condutas possíveis de serem reguladas no plano fático. Assim concebido, o direito atua como uma importante instituição ou artefato da cultura com vistas a reduzir, por meio da confirmação de expectativas normativas, a complexidade do "mundo da vida" em sua dimensão jurídico-normativa.

Com base nas lições de Ferraz Jr. (2021b), pode-se dizer que, não por outra razão, o Direito, dentro dessa tradição, torna-se compreensível a partir de três problemas centrais: a) identificação do Direito produzido pelo Estado, realizada com base na distinção entre noções tais como validade, vigência e revogação; b) interpretação do direito, que, sob a influência da filosofia da consciência, significa buscar nos textos jurídicos, por meio do emprego de técnicas de interpretação, os sentidos normativos decorrentes da vontade da lei ou da vontade do legislador; e c) aplicação do direito, que se reduz a simples operação lógica de subsunção do caso concreto à regra ou norma jurídica geral e abstrata, resultante da interpretação previamente realizada.

Esse modelo, segundo Ferraz Jr. (2021a), funcionou adequadamente na medida em que a complexidade da sociedade se manteve reduzida, o que induz à tese de que a distinção entre "esfera pública e esfera privada" foi herdada como preconceitos legítimos (enquanto estruturas prévias, como diria Gadamer), na medida em que serviu à compreensão do "mundo da vida" na sua dimensão jurídico-normativa. A dogmática jurídica, com todas as suas tecnologias teórico-científicas, conseguia traduzir, previamente, as regras jurídicas gerais e abstratas para os casos concretos e de possíveis ocorrências, apaziguando anseios e, com isso, mantendo previsibilidade de condutas, segurança jurídica e certa coesão social.

Entretanto, a revolução da comunicação engendrada pelo mundo pantécnico provocou, no âmbito jurídico, aquilo que Ferraz Jr. (2021a) tem denominado de "crise institucional de sentidos", que nada mais é do que a incapacidade do sistema normativo brasileiro, tal como compreendido pela tradição, em ofertar respostas satisfatórias para uma sociedade cada vez mais *hiperinformada* e naturalmente propensa a conflitos jurídicos de toda sorte. Conforme observa o mesmo autor,

> O advento da sociedade pantécnica/digital, como lugar da realização da *técnica informática*, está na origem da nova cisão – contemporânea – entre: *ethos* e *nómos*, liberdade e lei, que se exprimem não só nas diversas formas de positivismo ético e jurídico, como também numa separação angustiosa entre técnica e direito, que faz a elaboração dogmática pesar sobre o pensamento jurídico hodierno como um desafio quase trágico (FERRAZ JR., 2021a, p. 202).

Ou seja, o direito, enquanto conjunto de regras emanadas do Estado, perde, cada vez mais, o papel de instituição estabilizadora e padronizadora de sentidos normativos. Os institutos jurídicos, as tecnologias derivadas da dogmática e, sobretudo, as instituições estatais não conseguem dar respostas aos conflitos jurídicos cada vez mais crescentes na sociedade contemporânea, configurando quadro de evidente "crise de sentidos" do sistema jurídico-positivo. Uma das razões para isso, segundo Ferraz Jr. e Borges, reside no fato de que

> O conhecimento deixa de ser autoevidente, e o indivíduo passa a precisar definir diariamente as dimensões de sua existência, já que a *comunidade de vida* não coincide mais perfeitamente à *comunidade de sentidos*. Isso leva constantemente o indivíduo a ter de pensar e repensar a sua vida e a orientação de suas ações conforme parâmetros de valores e sentidos conflitivos (FERRAZ JR.; BORGES, 2020, p. 44).

Esse estado de coisas tem levado Ferraz Jr. (2014) a dedicar, nos seus escritos mais recentes, especial atenção a esse tema, apontando como característica do ciberespaço ou do mundo virtual a centralidade da comunicação intersubjetiva (sujeito x sujeito), sem o que essa noção perderia o próprio sentido de espaço que porta. Observa Ferraz Jr. (2014, p. 77) que com "[...] essa revolução *cultural* – e, em sua extensão, *jurídica* – do mundo informático que nos torna aptos a construir universos alternativos e paralelos ao mundo supostamente *dado* converte-nos de *sub-jecti* – indivíduos únicos – em *pro-jecti* – de vários mundos". Afirma, em um outro escrito, que

> O chamado ciberespaço, nesse contexto, parece liberar-nos das amarras territoriais, das jurisdições normativas ou políticas (espaço livre de direito), da finitude de um *lugar*, ao lançar-nos na ubiquidade virtual, que afeta o tempo em termos de simultaneidade/velocidade. O que faz com que negócios jurídicos sejam efetuados em presença física simultânea e, não obstante, com vontades confirmatórias simultâneas [...] (FERRAZ JR., 2021a, p. 197).

Trata-se, nesse sentido, de ambiente ou espaço que se autoalimenta por meio das interações comunicativas, alterando os sentidos sociais, políticos e jurídicos com os quais estamos tradicionalmente acostumados, tornando-se potencial e exponencialmente conflitivo. O ciberespaço, no entendimento de Ferraz Jr. e Borges (2020, p. 49), passa, assim, a ser "[...] o lugar em que os sentidos na contemporaneidade se formam e se tornam 'nós de tensão' à espera de uma atualização e de uma resolução [...] O sentido já não é mais o mesmo e nem de seu emissor, se não produto desse processo de *atualização*". Nesse espaço, cuja essência é a comunicação intersubjetivamente construída, observam os autores que o direito passa a ser um "manual de instrução" necessário à sobrevivência do homem diluído pela virtualidade.

Isso requer, por evidente, um novo olhar para o Direito, pois somente assim o sistema normativo brasileiro retomará sua capacidade em dar respostas satisfatórias às inúmeras situações jurídicas conflituosas, as quais se avolumam em tempos atuais, "seja no plano das relações intersubjetivas, seja das relações cidadão-Estado, por diversas razões que outrora inexistiam, cujas implicações sistêmicas, teóricas ou práticas, dentro do ordenamento jurídico oficial não se acomodam mais na maneira usual a que estava acostumado" (FERRAZ JR.; BORGES, 2020, p. 15). Tudo isso porque

> [...] na sociedade pantécnica não há instâncias, apenas situações, em que os "parâmetros" não são dados por "figuras paradigmáticas" – como bem viu Hannah Arendt em seu *Homens em tempos sombrios* –, mas por figuras "*imagéticas*" que direcionam não porque inspiram respeito, mas porque chamam a atenção (FERRAZ JR., 2014, p. 80, grifos do autor).

Com isso, os conceitos (ou preconceitos) tradicionais perdem sua função enquanto estruturas prévias da compreensão, sobretudo em razão do desaparecimento das fronteiras entre espaço público e espaço privado, revelando a ineficiência dos mecanismos tradicionais, ao tempo em que promove o surgimento de outros mecanismos lastreados em preconceitos concebidos para a compreensão de um mundo da vida cada vez mais pantécnico (virtual), onde a comunicação, estruturada sob a forma de rede, se dá em tempo real e de maneira difusa, em que vários sujeitos dialogam, ao mesmo tempo, com vários sujeitos.

3.3 Mundo pantécnico e hermenêutica *pós* giro linguístico: busca por consenso hermenêutico e ressignificação de acesso à justiça como acesso à ordem jurídica justa

Vimos que a revolução comunicacional ocasionada pela virtualidade tecnológica engendrou alteração radical na condição humana. A noção de espaço até então concebível à *vida activa* (esferas pública e privada) foi simplesmente esfacelada em razão do surgimento de uma nova dimensão, a virtual. As instituições, a exemplo do direito, exerciam, até então, função apaziguadora, nivelando preconceitos que eram transmitidos reiteradamente às gerações, com o que complexidades em relação ao "mundo da vida" se mantinham reduzidas. Entretanto, conforme observam Ferraz Jr. e Borges,

> Com uma década de redes sociais e um pouco mais de internet, modelos de comportamento e modos de agir, valores, experiências de vida, formas de realizar escolhas, padrões de decisão, tudo se tornou muito fluido e líquido no dizer baumaniano, com enfraquecimento não apenas do contato pessoal ou dos ritos de passagem e tradições, mas modos de ser e de agir se flexibilizaram, permitiram o acesso a hierarquias de valores e a valores distintos, cada vez mais plurais, múltiplos, não uniformes. [...] A autoevidência se tornou quase nula, nem mesmo conseguindo passar desapercebidas de tal processo as instituições especializadas (FERRAZ JR.; BORGES, 2020, p. 15).

A comunicação, estruturada em forma de rede, passou a ser o pilar desse novo ambiente virtual. Nesse tipo de arranjo comunicacional impera a forma dialógica (em detrimento da discursiva) com interações comunicacionais centradas nos participantes, e não no código da mensagem ou no seu emissor. Trata-se de estrutura altamente complexa, em que o diálogo vivo e em velocidade cada vez mais frenética confere prioridade às trocas contínuas e à geração de novas informações.

Em face disso, criam-se as condições para a propagação de crises ou desconfirmação de sentidos tradicionais, desestabilizando o papel do Estado, "à medida que não mais costura povo, comunidade, território, estrangeiros, cultura, direito, instituições etc." (FERRAZ JR.; BORGES, 2020, p. 15). Esse novo paradigma comunicacional, no qual predominam as interações intersubjetivas dadas em tempo real (virtual), propicia, naturalmente, o surgimento de conflitos intersubjetivos, sejam eles decorrentes da relação cidadão-cidadão, sejam eles decorrentes da relação cidadão-Estado.

Em estruturas comunicacionais piramidal ou enfeixada, tais conflitos tendem a ser reduzidos ou controlados com mais facilidades, pois a forma discursiva bloqueia a interação entre emissor e receptor, distinguindo claramente essas posições no plano comunicacional. Aqui, a priorização do emissor ou do código, em detrimento do receptor (intérprete), possibilita que plataformas de preconceitos (ou pré-juízos) sejam transmitidas, discursivamente, através das instituições, criando um "acervo histórico de sentidos", o que, no dizer de Ferraz Jr. e Borges (2020, p. 30), tem o condão de atenuar "a ansiedade, a inquietação, o temor diante do novo e das vicissitudes da vida".

Entretanto, no mundo virtual (ciberespaço) a comunicação estruturada em rede promove uma fusão (ou o desaparecimento) entre emissor e receptor da mensagem, em que a centralidade passa a ser a figura do intérprete, pois todo participante de determinado jogo de linguagem no ambiente virtual atua ativamente nesse jogo, mobilizando seus preconceitos (ao tempo em que os confronta com preconceitos de seu interlocutor) na compreensão, interpretação e aplicação de textos, numa dada (ou em várias) conversação hermenêutica.

Uma correção: não há, nesse ambiente, sequer a noção tradicional de texto, construído por meio de uma gramática sentencial linear, mas sim de *hipertexto*, em que imagens, sons, escrita, animações etc. são reunidos em único documento – o hiperdocumento.[48]

---

48. Conforme explica Pierre Lévy (1999, p. 27), "hipertexto é um texto em formato digital, reconfigurável e fluido. Ele é composto por blocos elementares ligados por links que podem ser explorados em tempo real na tela. A noção de hiperdocumento generaliza, para todas as categorias de signos (imagens, animações, sons etc.), o princípio da mensagem em rede móvel que caracteriza o hipertexto". Observa, ainda, o autor que "o hipertexto é constituído por nós (os elementos de informação, parágrafos, páginas, imagens, sequências musicais etc.) e de links entre esses nós, referências, notas, ponteiros, 'botões' indicando a passagem de um nó a outro" (LÉVY,1999, p. 56).

Na esteira de Ferraz Jr. e Borges (2020, p. 52), "essa perspectiva inova consideravelmente, pois o hipertexto, como se percebe, livra o sentido do discurso da forma de 'livro' e da autoridade do autor. O *hipertexto* desconstrói a escrita linear e a sugestão dessa de que as ideias são organizadas de modo homogêneo [...]". Conforme observa Lévy (1999), no hipertexto é como se o autor deixasse à disposição do intérprete (internauta) textos potenciais, os quais seriam colocados em jogo a partir da combinatória de nós e à sua maneira. Ou seja, não somente a construção do sentido, mas a própria construção do texto, cabem, nesse ambiente, ao intérprete (internauta).

Conflito, nesses termos, não porta carga valorativa negativa,[49] sendo um subproduto natural da estrutura comunicacional em rede, em que a intersubjetividade dialógica é predominante. Conforme defendeu Georg Simmel (1983), conflito, aqui, pode ser tomado como corolário das tensões dialógicas que naturalmente surgem da comunicação intersubjetiva, sendo, sob esse aspecto, "uma forma de sociação". No mesmo sentido segue o entendimento de Ferraz Jr., para quem

> conflitos sociais ocorrem em situação de comunicação de agentes que, por pressuposto, são simultaneamente emissores e receptores de mensagens, conflitos aparecem então como interrupção na interação, ou porque quem transmite recusa-se a transmitir o que se espera, ou porque quem recebe recusa-se a receber, criando-se expectativas desiludidas (FERRAZ JR., 2019, p. 276-277).

Numa sociedade *hiperinformada*, parte desses conflitos tendem a se transformar em conflitos de natureza jurídica,

---

49. Cintra, Dinamarco e Grinover (2015) apontam para uma abordagem negativa de conflito, como decorrente das contradições sociais ante um Estado incapaz de satisfazer as demandas da sociedade. Segundo os autores, essa é uma visão negativa de conflito, que coloca forças antagônicas em choque e, por essa razão, requer a presença de um terceiro para pacificação da questão. O conflito, nessa perspectiva, é sempre negativo.

em que os sujeitos submetem suas pretensões resistidas à apreciação do Estado-Juiz (jurisdição estatal).[50] Essa busca por uma resolução de conflitos exclusivamente pela via judicial tem como causa, em nosso entender, a falta de um aparato jurídico-institucional capaz de dar respostas aos problemas que naturalmente brotam em um mundo pan-técnico, onde os indivíduos interagem entre si dentro de uma estrutura comunicacional dialógica de complexidade nunca vista antes em nossa história.

No que se refere aos conflitos jurídicos envolvendo o Poder Público, a exemplo dos conflitos de natureza tributária, é cediço que são conduzidos ao Poder Judiciário em razão da estrutura político-administrativa do Estado, caracterizada por uma ossatura ainda muito formalizada e hierarquizada, orientada por um agir ancorado no objetivismo inerente ao horizonte da filosofia da consciência. O Estado, assim estruturado, tende a estabelecer uma comunicação com o cidadão, sobretudo com o cidadão-contribuinte, sob a forma piramidal ou enfeixada, em que o discurso, em detrimento do diálogo, confere sustentação aos arroubos de autoridade dos agentes estatais (emissores). Não por outra razão, o Poder Público tem sido apontado como um dos maiores litigantes do país, conforme dados do Conselho Nacional de Justiça (*Justiça em Números 2021*[51]).[52]

---

50. Segundo o anuário *Justiça em Números 2022*, a cada grupo de cem mil habitantes, em média 11.339 ingressaram com uma ação judicial no ano de 2021. Houve aumento em 9,9% no número de casos novos por mil habitantes em 2021, em relação a 2020. Nesse indicador, são computados somente os processos de conhecimento e de execução de títulos executivos extrajudiciais, excluindo, portanto, da base de cálculo, as execuções judiciais iniciadas. A taxa de congestionamento, indicador que mede a relação entre o número de casos que permaneceram pendentes de solução ao final do ano-base e o número de casos tramitados (resultado da soma do número de casos pendentes e baixados), é de 74,2%. Disponível em: https://www.cnj.jus.br/wp-content/uploads/2022/09/justica-em-numeros-2022-1.pdf . Acesso em: 30 set. 2022.

51. Conselho Nacional de Justiça: *Justiça em Números 2021*. Disponível em: https://www.cnj.jus.br/wp-content/uploads/2022/09/justica-em-numeros-2022-1.pdf. Acesso em: 30 set. 2022.

52. Segundo aponta o mesmo relatório *Justiça em Números 2022*: “Historicamente as execuções fiscais têm sido apontadas como o principal fator de morosidade do

Esse quadro, segundo observam Cintra, Dinamarco e Grinover (2015), delineia um Estado ineficiente e anacrônico, atuando de maneira desrespeitosa perante os direitos das pessoas, o que cria ambiente propício ao crescimento de demandas endereçadas ao Judiciário. Essa corrida em massa por um acesso à justiça, confundida, muitas vezes, com mero acesso ao Poder Judiciário, tem sido a causa de um quadro crônico e patológico daquilo que os especialistas têm denominado de "crise do Poder Judiciário", que se traduz numa espécie de impotência deste Poder em exercer, adequadamente, a prestação do serviço jurisdicional.

A hipótese central sustentada neste trabalho é de que um acesso ao direito a partir do horizonte da filosofia da consciência, marcada por uma subjetividade racionalizante e pela dicotomia sujeito-objeto, em que a linguagem comparece como um *tertium*, não oferece mais um substrato adequado à compreensão do fenômeno jurídico em um mundo caracterizado pela virtualidade (pantécnico) e pela comunicação em rede. Pela simples razão de que a comunicação, nessa perspectiva transcendental, foca sempre o emissor da mensagem ou o código, na certeza, quase franciscana, de um objetivismo ao alcance de uma razão (pseudo)científica.

Desta feita, não é mais uma opção, mas condição inarredável imposta pela ordem natural das coisas a percepção do Direito com vistas, sobretudo, a levar em consideração a atual situação hermenêutica do homem, buscando, por exemplo, ressignificar a noção de "acesso à justiça", a fim de dar respostas adequadas a uma sociedade que, em razão

---

Poder Judiciário. O processo de execução fiscal chega ao Poder Judiciário depois que as tentativas de recuperação do crédito tributário se frustraram na via administrativa, provocando sua inscrição na dívida ativa. Dessa forma, o processo judicial acaba por repetir etapas e providências de localização do devedor ou patrimônio capaz de satisfazer o crédito tributário já adotadas, sem sucesso, pela administração fazendária ou pelo conselho de fiscalização profissional. Acabam chegando ao Judiciário títulos de dívidas antigas ou com tentativas prévias de cobranças e, por consequência, com menor probabilidade de recuperação".

da revolução tecnológica no plano comunicacional, tornou-se natural e exponencialmente conflitiva. A esse respeito, e conforme restou assentado linhas acima, conflito é uma forma de sociação, que decorre de situações comunicativas em que os sujeitos são, a um só tempo, emissores e receptores. Ou seja, o conflito surge como corolário de estruturas comunicacionais dialógicas, em que a centralidade reside nos participantes dos jogos de linguagem (intérpretes), e não no emissor (autor) ou no código.

Na esteira de Cahali (2015, p. 34), "os conflitos sempre existiram e se projetam à eternidade; a seu turno, a maneira de se promover a solução das controvérsias, passa por diversas modificações ao longo da história, e certamente ainda muito pode ser inovada". Assim, é preciso acessar o direito a partir da premissa de que houve uma revolução radical na comunicação humana, de modo que soluções para os conflitos devem ser pensadas dentro dos limites do direito, porém, considerando a atual condição hermenêutica do homem, marcada pela constatação inevitável de que somos, mais do que nunca, na e pela linguagem.

Desta feita, e na linha de Jürgen Habermas, trata-se da busca por consenso hermenêutico entre os atores envolvidos no conflito por meio de um agir comunicativo, em que se "pressupõe a linguagem como *medium* de uma espécie de processos de entendimento ao longo dos quais os participantes, quando se referem a um mundo, manifestam de parte a parte pretensões de validade que podem ser aceitas ou contestadas" (HABERMAS, 2012, p. 191). Isso porque, segundo o mesmo autor, "o conceito central de interpretação refere-se em primeira linha à negociação de definições situacionais passíveis de consenso. Nesse modelo de ação a linguagem assume [...] uma posição proeminente" (HABERMAS, 2012a, p. 166).

Ou seja, o acesso à justiça deve ser pensado, a partir de agora, dentro do horizonte da filosofia da linguagem e da atual situação hermenêutica do homem, que se lançou, num salto sem retorno, no mundo pantécnico, cujo traço principal reside na estrutura comunicacional sob forma de rede, onde o caráter dialógico, em detrimento do discursivo, tornou-se preponderante. Nesse novo e incontestável *habitat*, cada ator assume a condição de emissor e receptor na trama comunicacional, manifestando, a partir de seus preconceitos, determinada posição hermenêutica. Daí a importância da busca pelo consenso hermenêutico, dado que o consenso, vai dizer Habermas (2002, p. 77), "mede-se pelo reconhecimento intersubjetivo da validade de um proferimento fundamentalmente aberto à crítica".

Nesse sentido, o Estado-Juiz não pode mais ser o único meio ou a única forma para a solução de conflitos jurídicos, mesmo aqueles que envolvam o Poder Público. Tudo isso porque essa nova compreensão não implica violação do acesso à justiça, tal qual consignado no art. 5º, XXXV da CRFB.[53] Pelo contrário, consiste em reforçá-lo, pois, conforme observa Kasuo Watanabe,

> *O princípio da inafastabilidade do controle jurisdicional*, inscrito no inciso XXXV do art. 5º da Constituição Federal, não significa um mero acesso formal aos órgãos judiciários. Assegura ele um acesso qualificado à justiça que propicie ao jurisdicionado a obtenção de *tutela jurisdicional efetiva, tempestiva e adequada*, enfim, um acesso a uma *ordem jurídica justa* (WATANABE, 2012, p. 88).

A esse respeito, vão observar Cappelletti e Garth (1988) que a expressão "acesso à justiça" circunscreve duas finalidades básicas do sistema jurídico, quais sejam: o sistema deve ser acessível a todos e deve produzir resultados que sejam justos do ponto de vista individual e social. Para esses autores, "acesso à justiça pode, portanto, ser encarado como o requisito fundamental – o mais básico dos direitos

53. CRFB: Art. 5º. [...] XXXV – a lei não excluirá da apreciação do Poder Judiciário lesão ou ameaça a direito.

humanos – de um sistema jurídico moderno e igualitário que pretenda garantir, e não apenas proclamar os direitos de todos" (CAPPELLETTI; GARTH, 1988, p. 11-12).

Trata-se de conceber "acesso à justiça" no sentido de acesso à ordem jurídica justa, o que inclui, evidentemente, acesso ao Poder Judiciário, mas não se limita simplesmente a isso.[54] Acesso à justiça consiste, nesse sentido, em finalidade do Estado, que deve promovê-la, incentivando a resolução de conflitos dentro e fora de seu âmbito, o que inclui, evidentemente, o Poder Judiciário. Ao fim e ao cabo, trata-se de um acesso hermenêutico ao Direito a partir do horizonte da filosofia da linguagem e da filosofia hermenêutica contemporânea, em que a atenção se volta aos receptores (intérpretes) em contextos dialógicos. Não se trata mais de um direito em que somente alguns podem construir sentidos normativos, mas, sim, de uma nova perspectiva hermenêutica na qual todos aqueles que, legitimamente, participam de seu jogo de linguagem estão inevitavelmente na condição de construtores de sentidos normativos.

3.4 Evidências no plano jurídico-positivo de uma perspectiva hermenêutica ancorada no horizonte filosófico da linguagem e na filosofia hermenêutica contemporânea: autocomposição e consenso hermenêutico

Conforme visto na seção anterior, uma ressignificação do "acesso à justiça" dentro do horizonte da filosofia da

54. José Eduardo Carreira Alvim (2022) registra que "para Horácio W. Rodrigues, é necessário destacar, frente à vagueza do termo acesso à Justiça, que a ele são atribuídos pela doutrina diferentes sentidos, sendo eles fundamentalmente dois: o primeiro, atribuindo ao significante justiça o mesmo sentido e conteúdo que o de Poder Judiciário, torna sinônimas as expressões acesso à Justiça e acesso ao Poder Judiciário; o segundo, partindo de uma visão axiológica da expressão justiça, compreende o acesso a ela como o acesso a uma determinada ordem de valores e direitos fundamentais para o ser humano. E conclui que esse último, por ser mais amplo, engloba no seu significado o primeiro".

linguagem passa pela inevitável consideração da atual situação hermenêutica do homem, caracterizada pelas interações dialógicas em ambiente virtual, em que cada ator (intérprete) assume a condição de emissor e receptor na trama comunicacional, manifestando, a partir de seus preconceitos, uma determinada posição hermenêutica. Daí por que conferimos destaque à busca por "consenso hermenêutico" entre os atores envolvidos no conflito por meio de um agir comunicativo, onde a linguagem, segundo Habermas (2012a), assume posição proeminente, deixando de ser meio ou instrumento para se apresentar como a instância a partir da qual formas de vidas e realidades são configuradas.

A abertura para a busca por consenso hermenêutico significa, portanto, que não há nenhuma interpretação absoluta ou que seja uma verdade última e inquestionável, restando aos sujeitos de fala enquanto participantes de determinado jogo de linguagem agirem como tal, articulando suas pretensões comunicativamente com vistas ao entendimento. Nesse contexto, é perfeitamente possível sustentar a hipótese de que as recentes discussões envolvendo os meios alternativos de solução de conflitos de natureza jurídica, bem como a positivação desses meios no ordenamento jurídico nacional, são evidências concretas de que no plano jurídico-pragmático já se faz sentir os influxos do horizonte da filosofia da linguagem e da filosofia hermenêutica contemporânea, do que resulta na compreensão de que *direito é linguagem*, e não um objeto cujo acesso se faz por meio da linguagem enquanto um *tertium*.

Ao ensejo, importa lembrar que a discussão acerca dos métodos alternativos para solução de conflitos é relativamente recente na literatura jurídica.[55] Costuma-se adotar como

55. O que não quer dizer que meios autocompositivos ou heterocompositivos distintos da jurisdição estatal não tenham sido experimentados em tempos mais remotos. Por exemplo, Cahali (2015) aponta que a técnica de nomear um terceiro para solucionar conflitos (arbitragem) é tão antiga quanto a própria humanidade.

marco inicial a concepção de Tribunal Multiportas erigida a partir das ideias lançadas pelo professor emérito da Faculdade de Direito de Harvard, Frank Sander, quando de sua participação, em 1976, na *Pound Conference*, realizada em St. Paul, Minnesota (ALMEIDA; ALMEIDA; CRESPO, 2012).

A ideia foi extremamente inovadora, pois implicou o reconhecimento de que o Poder Judiciário não pode mais ser visto como um sistema de porta única para acesso à justiça, admitindo-se outras portas dentro ou fora do Poder Judiciário através das quais tornar-se-ia possível tratar e resolver adequadamente os conflitos jurídicos. Dito ao modo de Cintra, Dinamarco e Grinover (2015, p. 56), significa dizer que "*acesso à justiça* não se identifica, pois, com a mera *admissão ao processo* ou possibilidade de ingresso em juízo".

De lá para cá, a literatura passou a tratar do tema fazendo uso da expressão "métodos de resolução de conflitos", dividindo-os em duas espécies: heterocompositivo e autocompositivo. Segundo Cintra, Dinamarco e Grinover (2015), tais métodos distinguem-se entre si conforme haja ou *não* a participação direta das partes envolvidas na resolução do conflito. Assim, autocompositivo é o método em que a solução para o conflito é buscada de modo consensual e diretamente entre as próprias partes envolvidas; enquanto heterocompositivo é o método no qual um terceiro comparece a fim de prolatar uma decisão a favor de uma das partes, em detrimento da outra.

Cada um desses métodos adota meios próprios com vistas a lhes conferir concretude. Assim, fala-se em meios concernentes ao método heterocompositivo e meios concernentes ao método autocompositivo. Entre os principais meios para resolução de conflitos heterocompositivamente, Cahali (2015) confere destaque ao promovido por meio do processo judicial, perante a justiça estatal (Poder Judiciário), e ao promovido por meio de procedimento arbitral (justiça privada). Entre os principais meios para o método autocompositivo de conflitos, o mesmo autor destaca a negociação, a conciliação e a mediação.

Em vista dessa classificação entre métodos e meios, costuma-se utilizar a expressão *meios alternativos de solução de conflitos* (*alternative dispute resolution*) para se referir aos meios heterocompositivos (arbitragem) e aos meios autocompositivos (negociação, conciliação e mediação) não estatais, ou seja, não realizados pelo Estado-Juiz por meio de decisão judicial.

Resgatar as origens e esboçar, mesmo que sem maiores aprofundamentos, um catálogo dos meios alternativos para resolução de conflitos, sobretudo os autocompositivos, nos possibilita alinhavar a proposta teórica deste trabalho com o plano jurídico-pragmático, demonstrando que a filosofia da linguagem e a filosofia hermenêutica contemporânea fornecem os fundamentos teórico-filosóficos para um acesso hermenêutico inteiramente novo do fenômeno jurídico.

No ponto, o que nos interessa nesse bojo são as razões primeiras que deram sustentação à concretização das ideias alinhavadas por Frank Sander. E aqui se insere a noção de consenso. Com efeito, esclarece Crespo (2012a, p. 45-46) que consenso é a ideia central por trás do conceito de Tribunal Multiportas, por meio da qual os cidadãos "[...] terão a possibilidade de adquirir as competências necessárias para participar tanto da resolução de conflitos na área privada quanto na área pública". Observa, ainda, Crespo (2012b) que a solução de conflitos a partir de meios consensuais e não adversariais distingue-se das formas tradicionais, pois em sua base estão as seguintes premissas, quais sejam: (a) participação e diálogo como condição fundamental; (b) percepção de que a busca por consenso não significa enfeixamento de posições; e (c) busca por solução que resulte em melhor alternativa para as partes envolvidas.

Essa perspectiva vai ao encontro da tese sustentada neste trabalho, pois se alinha à percepção: (a) de que o direito é um jogo de linguagem; (b) de que, enquanto intérpretes, somos, desde sempre, na e pela linguagem; (c) de que nossos preconceitos, que são preconceitos linguísticos, forjam nosso horizonte cultural e nossa situação hermenêutica, determinando o modo como compreendemos, interpretamos e aplicamos textos; (d) de que, por isso, não há uma razão objetivadora e onisciente, capaz de extrair sentidos exatos de textos jurídicos por meio de técnicas interpretativas; (e) de que, por fim, posições hermenêuticas divergentes e busca por consenso comparecem como um problema primeiro no processo de compreensão, interpretação e aplicação do direito, não dizendo respeito a qualquer atitude mental-jurídica orientada pelo esquema sujeito-objeto.

Abaixo, tratamos brevemente das principais características de cada um desses métodos e seus respectivos meios, sem perder de vista sua conexão com a proposta deste trabalho, qual seja: acesso ao direito a partir de uma perspectiva jurídico-hermenêutica ancorada na filosofia da linguagem e na filosofia hermenêutica contemporânea. O objetivo é tão somente mostrar evidências, no plano jurídico-pragmático, de um acesso ao fenômeno jurídico a partir dessa matriz hermenêutico-filosófica.

3.4.1 Método *heterocompositivo*

Conforme restou consignado acima, hererocompositivo é o método em que um terceiro comparece para, por meio de uma decisão *adjudicatória*, resolver o conflito. Neste método, corrobora Cahali (2015, p. 34), "aparece a figura de um julgador que poderá integrar a estrutura estatal (Poder Judiciário), ou ser independentemente do Estado – o árbitro indicado pelas partes, direta ou indiretamente". Ou seja, na heterocomposição, a solução para o conflito é imposta ou *adjudicada* por um terceiro (juiz, árbitro etc.), cabendo às partes apenas a subsequente submissão à decisão proferida por esse terceiro.

Seguindo as lições de Habermas (2012a, p. 163-164), é correto afirmar que o método heterocompositivo, por ser adversarial, orienta-se por um agir estratégico, em que "[...] pelo menos um ator que atua orientado a determinados fins revela-se capaz de integrar ao cálculo de êxito a expectativa de decisões". Ou seja, pelo método heterocompositivo as partes, com base no tudo ou nada, fazem uso da linguagem como instrumento (*tertium*), procurando influenciar o terceiro julgador, a fim de conseguir uma decisão que lhe seja favorável.

Não há, nesse método, uma busca por entendimento ou concertação em face de posições hermenêuticas distintas, mas tão somente a vitória de uma das partes em detrimento da derrota de outra. Daí por que, segundo Cahali (2015), uma solução adjudicada contrária à vontade de uma das partes conduz, geralmente, a inúmeros recursos impetrados pela parte vencida, eternizando o litígio.

3.4.1.1 A Justiça estatal

A jurisdição estatal consiste no meio tradicional para resolução dos conflitos, sejam estes decorrentes da relação cidadão-cidadão, sejam decorrentes da relação Estado-cidadão. Trata-se, segundo Watanabe (2012), de meio heterocompositivo propriamente *adjudicatório*, em que a autoridade estatal (que é o juiz) profere, autoritariamente, uma solução para o conflito por meio de sentença (ou acórdão), submetendo as partes à sua observância e à revelia de suas vontades.

Assim, em decorrência da interpretação do art. 5º, XXXV, da CRFB, que resulta na construção de norma jurídica prescritora da inafastabilidade de apreciação do Poder Judiciário diante de lesão ou ameaça a direito, "a regra geral no regime jurídico brasileiro é que as partes, caso não tenham estipulado de modo diverso, conduzam suas contendas ao Poder Judiciário, portanto à justiça estatal" (MADUREIRA; MOREIRA; MOREIRA, 2019, p. 68).

De todo modo, em que pese reconhecer, *prima facie*, a jurisdição estatal como inafastável, observa Carlos Henrique Machado (2020, p. 119) que isso "[...] não encerra um direito absoluto e nem se tem demonstrado suficientemente capaz de suprir todas as potencialidades de divergências no seio das relações sociais, em especial no âmbito das relações jurídico-tributárias".

Conforme destacado linhas acima, acesso à justiça consiste em finalidade do Estado, que deve promovê-la, incentivando a resolução de conflitos dentro e fora de seu âmbito, o que inclui, evidentemente, o Poder Judiciário. Sobre esse ponto, Cappelletti e Garth, citando Master Jacob, vão fazer importante observação, destacando que

> a engrenagem judiciária formal de cortes de Justiça, naturalmente, continuará a ser necessária e vital não só para lidar com importantes questões de direito, incluindo temas de significação constitucional, como também para julgar questões vultosas e substantivas que afetam interesses vultosos e substanciais (JACOB *apud* CAPPELLETTI; GARTH, 1988, p. 76).

Daí por que "acesso à justiça" inclui acesso ao Poder Judiciário, muito embora não esteja a ele limitado, pela simples razão de que acesso à justiça e meios alternativos ao Poder Judiciário para solução de conflitos não significa competir ou diminuir a importância deste importante órgão, que compõe e equilibra a estrutura de poder de todo e qualquer Estado de Direito contemporâneo.

3.4.1.2 A arbitragem ou justiça privada

À semelhança da Justiça Estatal, "na arbitragem, enquanto instrumento de heterocomposição, aparece a figura de um terceiro, ou colegiado, com a atribuição de decidir o litígio que a ele foi submetido pela vontade das partes" (CAHALI, 2015, p. 44-45). Segundo Cintra, Dinamarco e Grinover (2015, p. 58), "pela arbitragem chega-se a uma *sentença* proferida pelo tribunal arbitral, a qual, tanto quanto a sentença judicial, deve representar a justa resposta às pretensões das partes". No mesmo sentido, Machado (2020, p. 121) afirma ser a arbitragem "um modelo heterocompositivo adversarial para a resolução de conflitos, pautado no direito ou na equidade, pressupondo a existência do *terceiro imparcial*, diferente do Estado, eleito espontaneamente pelas partes, em condições de equilíbrio e de igualdade".

No direito positivo pátrio, o instituto foi sistematizado pela Lei 9.307/1996, com alterações posteriores conferidas pela Lei 13.129/2015. Entre os principais traços, destaca-se a possibilidade de ser utilizada a arbitragem pela administração pública direta e indireta (art. 1º, § 1º), bem como a possibilidade de as partes escolherem livremente o julgador arbitral com base, sobretudo, no critério "confiança". Em que pesem esses avanços, e conforme *suso* apontado, a justiça arbitral segue o modelo adversarial, e não consensual, possuindo a decisão arbitral natureza *adjudicatória*, no sentido de que, uma vez tomada, deve ser observada pelas partes à revelia de suas vontades.

Trata-se, assim, de procedimento adversarial, em que a decisão do árbitro, tanto quanto a do juiz, se impõe às partes, com a diferença de que, aqui, a decisão não é proferida por integrante do Poder Judiciário, razão pela qual é considerado como um meio alternativo de solução de conflitos.

3.4.2 Método *autocompositivo*

A autocomposição caracteriza-se, essencialmente, pela participação direta das partes na busca consensual por uma resolução do conflito. De acordo com Madureira (2021, p. 35), "diferentemente do que ocorre na jurisdição e na arbitragem, métodos heterocompositivos que conferem a resolução do litígio a um terceiro, na autocomposição [...] a solução da divergência é buscada pelos próprios envolvidos, de forma consensual, não imposta". Assim, todos os meios considerados como autocompositivos são, por seu turno, classificados como meios alternativos de resolução de conflitos, pois prescindem da jurisdição estatal tradicional.

Conforme veremos, o que diferencia cada um dos meios autocompositivos é a forma como se opera essa participação consensual e direta das partes: se com ou sem a ajuda de um terceiro auxiliar e, neste caso, como esse terceiro auxilia na resolução do conflito. De todo modo, na autocomposição, a despeito da possibilidade de participação de um terceiro como auxiliar, são as partes que determinam o resultado do conflito no qual estão envolvidas. Conforme Cahali (2015, p. 45), "o terceiro, quando aqui comparece, funciona como um intermediário ou facilitador da aproximação e comunicação entre as partes [...], para que estas, voluntariamente, cheguem a um consenso ou reequilíbrio da relação".

Na sua essência, os meios autocompositivos para resolução de conflitos são evidências incontestes dos influxos da filosofia da linguagem e da filosofia hermenêutica contemporânea sobre a percepção do fenômeno jurídico. A busca por uma resolução terminativa de conflito por meio do consenso denota um entendimento orientado por um agir comunicativo, em que a linguagem assume primeiro plano. Na esteira de Habermas, no agir comunicativo

> os atores participantes tentam definir *cooperativamente* os seus planos de ação, levando em conta uns aos outros, no horizonte de um mundo da vida compartilhado e na base de interpretações comuns da situação. Além disso, eles estão dispostos a atingir esses objetivos mediatos da definição da situação e da escolha dos fins assumindo o papel de falantes e ouvintes, que falam e ouvem *através de processos de entendimento. O entendimento através da linguagem funciona da seguinte maneira: os participantes da interação unem-se através da validade pretendida de suas*

> *ações de fala ou tomam em consideração os dissensos constatados. Através das ações de fala são levantadas pretensões de validade criticáveis, as quais apontam para um reconhecimento intersubjetivo* (HABERMAS, 2002, p. 72, grifos nossos).

Desta feita, distintamente dos meios heterocompositivos, que são orientados por uma racionalidade estratégica fundamentada na filosofia da consciência, no agir comunicativo o conceito central de interpretação refere-se em primeira linha à negociação de definições situacionais passíveis de consenso, em que a linguagem assume posição proeminente (HABERMAS, 2012a). Assim, o processo de construção de uma solução diretamente pelas partes envolvidas no conflito consiste, na sua essência, num processo linguístico, dado que "a linguagem é o meio em que se realiza o acordo dos interlocutores e o entendimento sobre a coisa" (GADAMER, 1997, p. 560).

Demais disso, no entendimento consensual linguístico, a própria linguagem contém a energia de conexão que mantém a estabilidade desse entendimento (HABERMAS, 2002). Não é por outra razão que juristas como Cahali (2015, p. 49) já perceberam que "todo este envolvimento no processo de superação das divergências promove o comprometimento das partes na eficácia do acordo, gerando, assim, naturalmente, o cumprimento espontâneo das obrigações assumidas". Daí por que esse autor observa que, distintamente do que se verifica recorrentemente numa solução adjudicada por uma autoridade, "uma solução consensual geralmente é respeitada e atendida voluntariamente", importando em verdadeira mudança de cultura com influência direta na própria sociedade.[56]

---

56. Segundo Cahali (2015, p. 49), "uma solução adjudicada pela sua imposição contrária à vontade de uma das partes provoca inúmeros recursos e, ainda, quando estes não mais forem possíveis, leva ao descumprimento do decidido, a exigir execução com seus incidentes, tendo como consequência a 'eternização' do litígio".

A literatura tem apontado como principais meios autocompositivos a negociação, a conciliação e a mediação. Na base de cada um desses meios reside uma racionalidade orientada pelo entendimento, em que a cooperação e a coordenação entre as partes resultam na circunstância de que uma delas só pode executar o seu plano de ação de modo interativo, ou seja, com o auxílio (ou omissão de auxílio) da outra parte.

3.4.2.1 Negociação

Em matéria de direito, negocia-se com muita recorrência com vistas ao estabelecimento de relações jurídicas, sobretudo no âmbito do direito privado. Entretanto, a negociação também serve como meio para prevenir ou resolver conflitos de natureza jurídica. Nesses casos, pela negociação "as partes tentam resolver suas divergências diretamente" (CAHALI, 2015, p. 45), sem a intervenção de um terceiro auxiliar, situação em que, vai dizer o mesmo autor, "negociam com trocas de vantagens, diminuição de perdas, aproveitam oportunidades e situações de conforto, exercitam a dialética, mas, em última análise, querem uma composição, e para tanto, o resultado deve propiciar ganhos recíprocos" (CAHALI, 2015, p. 45).

O terceiro, quando aqui comparece, atua negociando diretamente e em favor de uma das partes. Trata-se, de acordo com Madureira (2021, p. 35-36), "[...] de técnica empregada pelos próprios interessados; mas que também pode ser promovida por terceiro, chamado negociador; embora esse terceiro não seja um facilitador em benefício das partes, mas um representante de uma delas".

A negociação é um meio autocompositivo utilizado, por exemplo, quando as partes desejam transacionar entre si, fazendo concessões mútuas quanto a direitos patrimoniais de caráter privado, com vistas à prevenção ou término de conflito, conforme previsto no art. 840 do Código Civil. Vê-se, assim, que transação não é meio processual autocompositivo. Na esteira de Madureira (2015, p. 327), "[...] a transação tem conteúdo material, relacionando-se, portanto, a interesses cuja titularidade é debatida na contenda [...]". Quando cada parte se propõe transigir com vistas a pôr fim em conflito jurídico fazendo concessões mútuas, elas negociam tais concessões diretamente entre si, trocando vantagens e oportunidades de modo consensual, orientando suas ações por um agir comunicativo em busca de entendimento.

Na esfera tributária, o Código Tributário Nacional (CTN) também trouxe a possibilidade de negociação entre Poder Público e contribuinte, facultando a realização de concessões mútuas envolvendo o crédito tributário. Conforme art. 156 e art. 171 do CTN,[57] ao Poder Público é facultado transigir com vistas à extinção do crédito tributário e consequente término do conflito. Há, entretanto, três condições para que Poder Público e contribuinte negociem diretamente concessões mútuas entre si ou transacionem com vistas à extinção do crédito tributário.

A primeira condição diz respeito à necessidade de lei autorizativa. Isso porque, diferentemente do que ocorre entre particulares, não há liberdade ou autonomia de vontade para que o Poder Público e seus agentes negociem com contribuintes a fim de fazerem concessões mútuas relativas ao crédito tributário. É necessário que lei não somente

57. "Art. 156. Extinguem o crédito tributário:
[...]
III – a transação;
[...]
Art. 171. A lei pode facultar, nas condições que estabeleça, aos sujeitos ativo e passivo da obrigação tributária celebrar transação que, mediante concessões mútuas, importe em determinação de litígio e conseqüente extinção de crédito tributário.
Parágrafo único. A lei indicará a autoridade competente para autorizar a transação em cada caso."

autorize a negociação de concessões mútuas entre Fisco e contribuinte, mas que fixe, também, seus exatos limites.

Uma segunda condição diz respeito ao objetivo da negociação em torno das concessões mútuas, que somente pode ser realizada com vistas ao término do conflito. Ou seja, em matéria de transação tributária o Fisco negocia para pôr fim ao conflito, e não para evitá-lo. Isso porque a transação em matéria tributária objetiva a extinção do crédito tributário, o que pressupõe que o mesmo já tenha sido constituído e, além disso, que esteja em discussão administrativa ou judicial.

Por fim, uma terceira condição é de que só cabe negociação de concessões mútuas (transação) entre Poder Público e contribuinte quando houver aquilo que Ricardo Lobo Torres (2010, p. 300) chamou de "*direitos duvidosos* ou relações jurídicas subjetivamente incertas". Ou seja, é necessário um mínimo de equipolência entre as posições hermenêuticas do Fisco e do contribuinte. Isso pela simples razão de que, em função da supremacia do interesse público e da indisponibilidade do crédito tributário, não pode o Poder Público transigir quando não há dúvidas acerca de seu direito (da legitimidade do crédito tributário), situação em que deve exigi-lo integralmente e sem concessões. Tampouco poderá fazê-lo quando não houver dúvidas acerca do direito do contribuinte, caso em que deverá, necessariamente, atuar no devido controle de legalidade do ato administrativo que o constituiu, com fulcro na autotutela.

Importa o registro de que, a despeito de sua previsão no Código Tributário Nacional desde 1966, a transação não havia sido instituída sistematicamente por nenhum ente federativo detentor de competência tributária. Somente recentemente, passados mais de 50 anos desde sua previsão no CTN, a União, por meio da Lei 13.988/2020,[58] institui

58. "Art. 1 º Esta Lei estabelece os requisitos e as condições para que a União, as suas autarquias e fundações, e os devedores ou as partes adversas realizem

a transação em nível federal. A razão principal para essa longa gestação decorreu, sobretudo, da existência de certa resistência encravada no seio da dogmática jurídica nacional, que contestava a possibilidade de o Poder Público negociar concessões mútuas envolvendo o crédito tributário, sem com isso incorrer em graves ofensas a princípios orientadores da Administração Pública, tais como o da indisponibilidade do interesse público, o da legalidade, o da vinculatividade do crédito tributário etc. Pensamos que tal resistência assenta-se numa compreensão do direito a partir da filosofia da consciência, em que impera a crença num objetivismo inerente à relação sujeito-objeto. Demais disso, e com base na tese defendida ao longo deste trabalho, pode-se afirmar que tudo não passa de preconceitos, os quais vêm perdendo cada vez mais força e legitimidade após a virada linguístico-pragmática, a filosofia hermenêutica contemporânea e a percepção da atual situação hermenêutica do homem inserto num mundo digital.

De todo modo, o que interessa aqui é apontar que, por meio de negociação, as partes, conduzidas por um agir comunicativo orientado pelo entendimento, expõem diretamente suas posições hermenêuticas com vistas a entabularem uma conversação de mesma natureza, que, por sua vez, resultará na alteração da situação conflitiva inicial. A negociação é um processo que, por essência, se dá na e pela linguagem com atuação direta dos interlocutores envolvidos no conflito.

---

transação resolutiva de litígio relativo à cobrança de créditos da Fazenda Pública, de natureza tributária ou não tributária.
§ 1º A União, em juízo de oportunidade e conveniência, poderá celebrar transação em quaisquer das modalidades de que trata esta Lei, sempre que, motivadamente, entender que a medida atende ao interesse público.
§ 2º Para fins de aplicação e regulamentação desta Lei, serão observados, entre outros, os princípios da isonomia, da capacidade contributiva, da transparência, da moralidade, da razoável duração dos processos e da eficiência e, resguardadas as informações protegidas por sigilo, o princípio da publicidade."

3.4.2.2 Conciliação

A literatura jurídica costuma delimitar a conciliação a partir da natureza do conflito e do papel desempenhado pelo terceiro que atua no auxílio das partes rumo à obtenção de um consenso que resulte no fim do conflito.

Acerca da natureza do conflito, Cahali (2015) diz que a conciliação, enquanto meio autocompositivo, é adequada quando o conflito é objetivo, circunstancial, tendo surgido entre partes que não mantinham relação pessoal anterior ou não pretendem mantê-la de modo continuado. Em face disso, destaca Madureira (2021, p. 37) que por não buscar "a preservação de vínculo preexistente entre os contendores, e porque não se propõe a investigar a inter-relação subjetiva das partes, o desenvolvimento da conciliação mostra-se mais rápido e de menor complexidade em relação à mediação".

Esse traço caracterizador do conflito define, por sua vez, o papel do conciliador, cujo objetivo primeiro passa a ser a resolução do conflito, e não o tratamento do conflito em si. O Conciliador, segundo Cahali (2015, p. 46), "[...] faz propostas de composição, objetivando a aceitação pelas partes e a celebração do acordo. A apresentação de propostas e a finalidade de obter o acordo são, pois, duas características fundamentais da conciliação".

Desta feita, compete ao conciliador, como terceiro (auxiliar) imparcial, a tarefa de incentivar e propor uma solução que seja favorável às partes (CAHALI, 2015). De todo modo, a resolução do conflito depende, fundamentalmente, do entendimento entre as partes, do que resulta que também na conciliação, assim como na negociação, o agir comunicativo orientado pelo entendimento constitui a base para o consenso hermenêutico resolutivo da situação conflituosa inicial.

No quadro do direito positivo pátrio, a conciliação, juntamente com a mediação, vem sendo explicitamente incentivada como meio alternativo para resolução de conflitos.

Desde 2010, ao traçar as diretrizes para a Política Judiciária Nacional de tratamento adequado dos conflitos de interesses no âmbito do Poder Judiciário, a Resolução 125/2010 do Conselho Nacional de Justiça considerou a conciliação e a mediação como meios efetivos para solução e prevenção de litígios, orientando os órgãos judiciários para que, antes da solução adjudicada mediante sentença, ofereçam os chamados meios consensuais, como a mediação e a conciliação.

Sob essa influência, a Lei 13.105/2015 (Código de Processo Civil – CPC) positivou, no capítulo dedicado às Normas Fundamentais do Processo Civil, a conciliação como meio consensual para resolução de conflitos, estabelecendo-a como uma finalidade do Estado e, além disso, determinando seu estímulo por parte de todos os operadores do direito, inclusive no curso do processo judicial.[59] Circunscreveu, também, o CPC (art. 165, § 2º) o perfil do conciliador, fixando sua atuação nos conflitos em que não há vínculo anterior entre as partes, do que resulta no exercício de papel auxiliador na busca por uma solução adequada, sem com isso causar qualquer tipo de constrangimento ou intimidação para que as partes conciliem.

3.4.2.3 Mediação

A mediação é o meio autocompositivo que se distingue da conciliação também a partir da natureza do conflito e do papel desempenhado pelo terceiro que atua no auxílio das partes, mediando a obtenção de um consenso que resulte no fim do conflito. Nesse sentido, destaca Cahali (2015, p. 47) que a mediação "[...] pressupõe terem as partes em conflito uma relação mais intensa e prolongada,

59. "Art. 3º [...] § 2º O Estado promoverá, sempre que possível, a solução consensual dos conflitos. § 3º A conciliação, a mediação e outros métodos de solução consensual de conflitos deverão ser estimulados por juízes, advogados, defensores públicos e membros do Ministério Público, inclusive no curso do processo judicial."

verificando o relacionamento tanto por vínculos pessoais como jurídicos".

Assim, a aplicação desse meio autocompositivo "[...] tem pertinência em situações em que será gerada para as partes, na solução do conflito, uma nova relação com direitos e obrigações recíprocas, e, pois, com uma perspectiva de futura convivência que se espera que seja harmônica" (CAHALI, 2015, p. 47). Daí por que, segundo o mesmo autor, enquanto na conciliação o foco do terceiro auxiliar está na resolução do conflito, na mediação o seu foco concentra-se no conflito em si, trabalhando-o adequadamente com vistas a conduzirem as partes para um entendimento espontâneo e consensual acerca de suas posições hermenêuticas divergentes. Por esse motivo, "o mediador não julga, não intervém nas decisões, tampouco se intromete nas propostas, oferecendo opções [...]" (CAHALI, 2015, p. 48).

No direito positivo pátrio, a mediação recebeu tratamento um tanto quanto especial. Junto com a conciliação, vem sendo exortada desde 2010 pelo Conselho Nacional de Justiça, conforme Resolução 125/2010. Tal qual fez com a conciliação, também o Código de Processo Civil (Lei 13.105/2015) conferiu atenção de destaque a esse meio alternativo de resolução de conflitos,[60] prescrevendo, ainda, que o mediador, distintamente do conciliador, deverá atuar nos conflitos em que existe vínculo pretérito entre as partes, auxiliando-as "a compreender as questões e os interesses em conflito, de modo que eles possam, pelo restabelecimento da comunicação, identificar, por si próprios, soluções consensuais que gerem benefícios mútuos".[61]

60. "Art. 3º [...] § 2º O Estado promoverá, sempre que possível, a solução consensual dos conflitos. § 3º A conciliação, a mediação e outros métodos de solução consensual de conflitos deverão ser estimulados por juízes, advogados, defensores públicos e membros do Ministério Público, inclusive no curso do processo judicial."

61. "Art. 165. [...] § 3º O mediador, que atuará preferencialmente nos casos em que houver vínculo anterior entre as partes, auxiliará aos interessados a compreender

Para além disso, cuidou o legislador nacional de conferir estatuto próprio à mediação, regrando-a nos seus pormenores por meio da Lei 13.140/2015. A referida lei dispôs sobre a mediação entre particulares como meio de solução de controvérsias e sobre a autocomposição de conflitos no âmbito da administração pública. Entre os princípios que orientam a concertação entre as partes por meio de mediação, tratou de prescrever a observância da "busca pelo consenso" e da "autonomia da vontade das partes",[62] o que é evidência de que na mediação, assim como nos demais meios autocompositivos (negociação e conciliação), o agir comunicativo orientado pelo entendimento constitui a base para o consenso hermenêutico resolutivo da situação conflituosa inicial.

3.5 Interlúdio para uma teoria analítico-hermenêutica do direito

Nos dois primeiros capítulos, foram estabelecidos os contornos teóricos para uma filosofia hermenêutica ancorada no horizonte filosófico da linguagem. A reviravolta linguístico-pragmática engendrou verdadeira ruptura com o modelo gnosiológico inerente à filosofia da consciência, em que a linguagem comparece como um terceiro elemento – *tertium* – entre o sujeito e o objeto.

Essa reviravolta no plano filosófico criou as condições para que Gadamer fixasse, a partir das estruturas prévias concebidas pela ontologia hermenêutica de Heidegger, as bases para uma hermenêutica que, situada no contexto do

---

as questões e os interesses em conflito, de modo que eles possam, pelo restabelecimento da comunicação, identificar, por si próprios, soluções consensuais que gerem benefícios mútuos."

62. "Art. 2º A mediação será orientada pelos seguintes princípios: I – imparcialidade do mediador; II – isonomia entre as partes; III – oralidade; IV – informalidade; *V – autonomia da vontade das partes; VI – busca do consenso*; VII – confidencialidade; VIII – boa-fé" (grifos nossos).

horizonte filosófico da linguagem, tivesse como traço central a unicidade dos atos de compreensão, interpretação e aplicação, a partir do que o sentido se revelou como um constructo do intérprete, e não como uma reprodução das intenções contidas na mente do autor (emissor) ou escondido no suporte físico textual.

A afirmação constantemente reiterada de que o processo hermenêutico envolve compreensão, interpretação e aplicação implicou a reconfiguração do intérprete, que deixou a condição de sujeito transcendental, movido por uma razão subjetiva pura, para assumir, a partir de então, a condição de um sujeito finito e situado historicamente, cuja subjetividade passa a ser definida intersubjetivamente na e pela linguagem. Diante dessa nova compreensão filosófica do mundo da vida, interpretamos não porque descobrimos um sentido contido explícita ou implicitamente nas coisas ou na mente das pessoas por meio de nossa razão subjetivamente dada, mas, sim, porque, enquanto sujeitos finitos e forjados na e pela linguagem, construímos um sentido a partir de nosso horizonte cultural, delimitado por nossos preconceitos.

Preconceito, como estrutura prévia da compreensão, assume, nesse contexto hermenêutico, papel relevante, a ponto de Gadamer (1997) sustentar que somente o seu reconhecimento pode levar o problema hermenêutico à sua real agudeza. Daí por que a tarefa fundamental do intérprete consiste em não se deixar levar por preconceitos ilegítimos, devendo empreender constante avaliação crítica de seus preconceitos por meio de um contínuo diálogo com a tradição. Os preconceitos formam nosso horizonte além do qual não se pode ver, mas, conforme destacou Gadamer (1997), o horizonte do presente está em constante (trans) formação, deslocando-se ao passo de quem se move e na medida em que os preconceitos são colocados à prova.

Na esteira de Streck (2021, p. 311), "a partir dessa revolução copernicana que penetra nas estruturas do imaginário do jurista, a hermenêutica jurídica passa a ser existência, facticidade". Foi por essa razão que, neste capítulo, tratamos do aspecto pragmático do fenômeno jurídico a partir da noção de preconceito. Isso porque, conforme observou Paulo de Barros Carvalho (2015, p. 115), com o aumento vertiginoso no fluxo de informações "os processos de alteração significativa dos termos jurídicos vêm se desenvolvendo em intervalos cada vez mais curtos, o que valoriza a pesquisa da dimensão pragmática, na busca de reconhecimento das mudanças por que passam os sistemas jurídico-positivos". Desta feita, o propósito central foi demonstrar, criticamente, a perda de legitimidade de um preconceito (esfera pública e esfera privada) que reputamos como fundamental para a compreensão da condição humana e, também, para a compreensão do Direito.

Em face disso, apontamos como alterações ocorridas no plano comunicacional decorrentes da revolução digital – criando o mundo pantécnico – têm afetado, no plano pragmático, preconceitos forjados a partir da dicotomia "esfera pública e esfera privada". Como evidências empíricas, abordamos algumas alterações no senso comum jurídico e no direito positivo que apontam para uma inevitável compreensão do direito com base na filosofia da linguagem e na hermenêutica filosófica contemporânea, cujos exemplos trazidos para o leitor foram a ressignificação do que seja "acesso à justiça" como "acesso a uma ordem jurídica justa", bem como a positivação de meios autocompositivos de resolução de conflitos, os quais evidenciam uma busca por consenso hermenêutico (conversação hermenêutica) orientada por um agir comunicativo induzido por entendimento dado na e pela linguagem.

Resta, entretanto, demonstrar como uma hermenêutica jurídica ancorada no horizonte da filosofia da linguagem e na hermenêutica filosófica contemporânea seria concebida no nível de uma Teoria Geral do Direito ou, para sermos mais precisos, no âmbito de uma perspectiva analítico-hermenêutica do Direito, tentando estabelecer as balizas, em carne e osso, para o processo de compreensão, interpretação e aplicação dos textos do direito positivo. Trata-se de expor o desenvolvimento, em nível doutrinário, de uma fenomenologia do direito a partir da hermenêutica filosófica de Hans-Georg Gadamer. É o que faremos no próximo capítulo, com o que esperamos conectar o diálogo entre o plano filosófico e o plano jurídico-pragmático, sem descurar da Teoria Geral do Direito, concebida, de acordo com Vilanova (2015), como o campo em que conceitos jurídicos fundamentais são generalizados, de modo a serem aplicados a todo e a qualquer ramo específico do Direito.

Capítulo IV

HERMENÊUTICA JURÍDICA *PÓS* GIRO LINGUÍSTICO E SEUS INFLUXOS NO PENSAMENTO JURÍDICO NACIONAL

4.1 Hermenêutica filosófica contemporânea no pensamento jurídico nacional

A opção pela expressão "horizonte filosófico" em detrimento de "paradigma filosófico", tal como esboçado no primeiro capítulo, teve o propósito de demonstrar que, quando se trata de pensamento filosófico, não há que falar em superação de uma filosofia por outra. Com isso querendo dizer que um horizonte filosófico, como um conjunto de ideias que forjam linguística e culturalmente o modo como os homens se relacionam entre si e com o mundo que os cerca, circunscrevendo um "modo de vida", não se torna obsoleto, como ocorre com as ciências em sentido estrito.

Ou seja, se hoje pode-se dizer, com toda certeza, que a comunicação por meio de telégrafo foi superada em razão dos avanços técnicos-científicos ocorridos no campo da comunicação telefônica digital, o mesmo não pode ser dito acerca do pensamento filosófico universal, quando, em tempos hodiernos, convivem e conflitam entre si concepções teóricas ancoradas seja no horizonte da filosofia do ser, seja no horizonte da filosofia da consciência ou na filosofia da linguagem. Trata-se do conflito das filosofias de que tanto falou Oswaldo Porchat (2014).

Na seara do direito não é diferente, de modo que não se pode afirmar, nos dias atuais, que haja predominância do horizonte filosófico da linguagem sobre o horizonte da filosofia da consciência, muito embora aquela tenha surgido em decorrência de fortes críticas a esta, sendo-lhe posterior, conforme visto no primeiro capítulo. Pelo contrário, no plano da dogmática ou da Teoria Geral do Direito (sobretudo do senso comum teórico jurídico nacional), bem como da prática jurídica cotidiana brasileira, ainda prevalece a compreensão do fenômeno jurídico a partir da relação entre sujeito e objeto, pautada pelo caráter transcendental e psicologizante inerente à filosofia da consciência. Conforme aponta Streck (2021, p. 72), ainda é disseminado, no âmbito da dogmática e da prática jurídica nacional, "o paradigma epistemológico da filosofia da consciência [...] carente/ou refratária à viragem linguística de cunho pragmatista-ontológico ocorrida contemporaneamente, no qual a relação ou relações passa(m) a ser sujeito-sujeito".[63]

Em face dessa constatação, importa apontar algumas relevantes contribuições teóricas no campo jurídico brasileiro, as quais conseguiram a proeza de ofertar à comunidade jurídica nacional relevantes reflexões para uma compreensão do fenômeno jurídico a partir do horizonte

63. Em outro trecho, o mesmo autor afirma que, "lamentavelmente – e aí está assentada uma das faces da crise de paradigma –, *o campo jurídico brasileiro continua sendo refratário a essa viragem linguística*" (STRECK, 2021, p. 72-73).

filosófico da linguagem e da filosofia hermenêutica contemporânea, sobretudo a de base gadameriana.

4.1.1 A perspectiva analítico-hermenêutica do Constructivismo Lógico-Semântico: as contribuições de Lourival Vilanova e de Paulo de Barros Carvalho

Cai como uma luva, aqui, as contribuições lançadas pelos juristas Lourival Vilanova e Paulo de Barros Carvalho, os quais fundaram, em solo nacional, uma nova forma de se compreender o fenômeno jurídico, denominado por esses autores de Constructivismo Lógico-Semântico. Trata-se, nesse sentido, da perspectiva que concebe a linguagem jurídico-normativa como constitutiva da realidade jurídica, e não apenas como instrumento, construção essa operada pelas interações intersubjetivas (sujeito-sujeito).

Conforme os desdobramentos seguintes, o Constructivismo Lógico-Semântico teve o mérito de desenvolver as condições para uma perspectiva analítico-hermenêutica do fenômeno jurídico, possibilitando, a partir do giro linguístico, da fenomenologia e da filosofia hermenêutica contemporânea, uma hermenêutica jurídica que leva em consideração, a um só tempo, a perspectiva do intérprete em conexão com os aspectos lógicos, semânticos e pragmáticos da linguagem.

4.1.1.1 Constructivismo Lógico-Semântico: origens e premissas

No campo filosófico, uma epistemologia de cunho construtivista é aquela que atribui um papel ativo ao sujeito na construção de seu aparato cognitivo e da realidade que o cerca. Em certa medida, pode-se dizer que a filosofia crítica kantiana seja o berço desse modelo epistemológico, pois, com efeito, a revolução empreendida por Kant consistiu justamente em fazer o objeto girar em torno do sujeito, apontando, a partir da impossibilidade de se acessar a coisa em si, para um campo objetal fenomênico construído a partir de categorias inerentes ao sujeito cognoscente. Conforme explicam Mazzoni e Castañon no excerto a seguir, essa concepção kantiana está na base, por exemplo, da epistemologia construtivista de Jean Piaget (1967):

> O termo "construtivismo" é introduzido no pensamento contemporâneo por Jean Piaget (1967). Na *Epistemologia genética*, a metáfora da construção é evocada para indicar o papel ativo do sujeito na elaboração de suas estruturas cognitivas. Mas a ideia de sujeito ativo na construção de suas representações da realidade generalizou-se na filosofia a partir da Crítica da razão pura de Kant (1787/2001). (MAZZONI; CASTAÑON, 2014, p. 230).

Por tais razões, essa concepção epistemológica construtivista insere-se no horizonte da filosofia da consciência, em que a linguagem aparece como um instrumento a serviço de um sujeito transcendental, mediando a relação estabelecida entre esse sujeito e o objeto por ele criado a partir de suas estruturas cognitivas.

Conferir destaque, mesmo que breve, a esse ponto é deveras importante, pois nos permite dar início àquilo que reputamos como traço inovador da proposta de acesso ao fenômeno jurídico desenvolvida por Lourival Vilanova e Paulo de Barros Carvalho, de modo a demonstrar sua aderência ao horizonte filosófico da linguagem e à filosofia hermenêutica contemporânea. Para tanto, importa começar por uma nota de autoria de Paulo de Barros Carvalho, em que o jusfilósofo aponta, em tom quase confidencial, as origens e os pilares do que ele e Lourival Vilanova chamaram de Constructivismo Lógico-Semântico:

> *Certo dia, perguntado* [a Lourival Vilanova] *como conviria definir sua atitude jurídico-filosófica e o tipo de trabalho que vinha desenvolvendo, respondeu-me que poderíamos chamá-lo de "constructivismo". Não segundo o modelo do "constructivismo ético", todavia,*

> *agregando ao nome o adjetivo composto "lógico-semântico", pois, afinal de contas, todo o empenho estaria voltado a cercar os termos do discurso, para outorgar-lhes a firmeza necessária (e possível, naturalmente), tendo em vista a coerência e o rigor da mensagem comunicativa. Isso não significa, porém, relegar o quadro das investigações pragmáticas ao nível secundário. Expressa tão somente uma posição metodológica. Melhor seria até dizer que a proposta lógico-semântica aparece como contribuição para um estudo semiótico do discurso* (CARVALHO, 2020, p. 6, grifos nossos).

Essa nota demonstra, *per se*, que a centralidade do Constructivismo Lógico-Semântico reside na linguagem, tomando-a como objeto de atenção. Os influxos, aqui, da filosofia da linguagem são evidentes, a ponto de Paulo de Barros Carvalho dizer que "a nova concepção, dando origem à filosofia da linguagem ordinária, provocou aquilo que veio a chamar-se 'giro-linguístico', movimento dentro do qual estamos imersos, cada vez com maior intensidade, segundo penso" (CARVALHO, 2013, p. 26).

Lourival Vilanova, com seu notório conhecimento de lógica e, especificamente, de lógica deôntica, deu farta contribuição nessa seara, possibilitado que a linguagem jurídico-normativa assumisse sua centralidade desde seu aspecto lógico-sintático, dando abertura para posteriores explorações no campo semântico e pragmático. Seus estudos sobre a proposição prescritiva em sua acepção lógico-formal, como variável lógica proposicional, são inestimáveis, conforme pode ser constatado em sua obra *As estruturas lógicas e o sistema do direito positivo*. Demais disso, é de todos conhecida a afirmação axiomática da lavra de Lourival Vilanova (2010) de que se altera o mundo social mediante linguagem normativa, espécie da qual são as normas jurídicas. Ou seja, em Lourival Vilanova, a linguagem jurídica é tanto constitutiva da realidade jurídica quanto do seu plano objetal, que são as condutas humanas intersubjetivas.

Tendo como ponto de partida os desenvolvimentos alcançados por Lourival Vilanova no plano lógico, Paulo de

Barros Carvalho propõe um acesso ao fenômeno jurídico levando em consideração a linguagem jurídico-normativa na sua dimensão lógica, semântica e pragmática, concebendo o direito como um *factum comunicacional*, e não como um simples objeto à espera do aparato linguístico do ser cognoscente. Sua percepção acerca da linguagem é de que esta é típica realização do espírito humano, tratando-se de um artefato cultural inevitavelmente prenhe de valores. Daí por que vai afirmar ser o direito positivo um objeto cultural por excelência, "[...] plasmado numa linguagem que porta, necessariamente, conteúdos axiológicos" (CARVALHO, 2015, p. 107). Desta feita, seu trabalho, no plano da Teoria Geral do Direito, representa claro esforço com vistas a lançar as bases para uma nova compreensão do Direito a partir do horizonte da filosofia da linguagem, mas como um fenômeno cultural, situado historicamente.

Em sua obra de fôlego – *Direito tributário:* linguagem e método –, Paulo de Barros Carvalho realiza a empresa de apresentar à comunidade jurídica uma perspectiva renovada acerca do Direito, lançando um olhar atento ao fenômeno jurídico sob os auspícios da filosofia da linguagem. Empreendeu, assim, uma abordagem lógica do fenômeno jurídico, do que é exemplo maior a noção de Regra-Matriz de Incidência Tributária, por meio da qual, e à guisa de uma redução eidética husserliana, apresentou a norma jurídica tributária em carne e osso (para falar como Husserl), apontando todos os critérios de sua estrutura lógico-sintática necessários e suficientes à regulação de conduta ensejadora do dever de pagar tributo.

Mais do que isso, a declarada filiação ao giro linguístico, associada à percepção de que o direito é um fenômeno cultural, leva o autor a sustentar a tese de que "ainda que o asserto não chegue às raias do absoluto, podemos tomar como pressuposto que a realidade, e, dentro dela, a realidade social, é constituída pela linguagem (linguagem social, digamos)" (CARVALHO, 2015, p. 37). Essa percepção possibilitou ao autor abordar os aspectos semânticos e pragmáticos do direito, do que resulta numa concepção de norma jurídica como o elemento linguístico basilar do jogo de linguagem do direito, visto consistir naquele ente linguístico mínimo capaz de regular condutas intersubjetivas. Segundo suas lições, "o direito, no seu particularíssimo modo de existir, manifesta-se necessariamente na forma de linguagem. E linguagem é texto" (CARVALHO, 2013, p. 165).

Como todo texto se apresenta, originariamente, numa base material – plano de expressão –, Paulo de Barros Carvalho vai sustentar uma exegese jurídica que tem como ponto de partida o dado objetivo do plano de expressão textual, mas que nele não fica limitado. Vai dizer, assim, que o intérprete, partindo do plano textual, "inicia o processo de interpretação, propriamente dito, passando a construir os conteúdos significativos dos vários enunciados ou frases prescritivas para, enfim, ordená-los na forma estrutural de normas jurídicas, articulando essas unidades para constituir um domínio" (CARVALHO, 2015, p. 109). Em face dessa perspectiva hermenêutica do fenômeno jurídico, conclui que

> daí, não há que se confundir norma, como complexo de significações enunciativas, unificadas em forma lógica determinada (juízo implicacional) e a expressão literal desses enunciados, ou mesmo os conteúdos de sentido que tais enunciados apresentem, quando isoladamente considerados (CARVALHO, 2015, p. 110).

Como se vê, o aspecto *constructivista* decorre de sua proposta hermenêutica. Portanto, o Constructivismo Lógico-Semântico desenvolvido no campo do pensamento jurídico filosófico por Lourival Vilanova e Paulo de Barros Carvalho dista daquele construtivismo epistemológico visto linhas acima. Entre seus principais traços estão as considerações de que a linguagem é constitutiva da realidade, de que direito é linguagem, de que linguagem é texto, de que tudo que é texto pode ser interpretado e, por fim, de que a hermenêutica analítica nos possibilita acesso privilegiado ao fenômeno jurídico. Para Paulo de Barros Carvalho (2015), nesses termos, conhecer o direito significa construir o seu sentido no processo de compreensão e interpretação da comunicação textual legislativa.

Sobre o Constructivismo Lógico-Semântico, observa Paulo de Barros Carvalho (2020, p. 4) que, "apesar de suas origens e das concepções que estão bem caracterizadas na plataforma inferior de suas bases, dista de ser um projeto filosófico: de método é o seu estatuto'. Desta feita, e num exercício por analogia, pode-se dizer que o Constructivismo Lógico-Semântico, assim como a fenomenologia heideggeriana, significa um *conceito de método*, pois suas preocupações residem muito menos no "*quê*" do direito – sua *quididade* – e muito mais no *como* do fenômeno jurídico. Não há, assim, de acordo com o Constructivismo Lógico-Semântico um fenômeno jurídico independente da linguagem e do homem.[64] Aplica-lhe, desse modo, a premissa ontológica adotada por Heidegger de que somos, antes de tudo, na linguagem e pela linguagem, de modo que falamos sempre *a partir* da linguagem, e não simplesmente falamos *a* linguagem como se fosse uma faculdade ou um instrumento à nossa disposição.

Como resultado, não enxergamos o Constructivismo Lógico-Semântico como uma doutrina jurídica (no sentido dogmático do termo) ou como um movimento jurídico filosófico, naquilo que lhe é mais próprio. Pelo contrário, trata-se do exercício de pensar o direito já estando no direito, mas a partir da consciência de que somos linguagem e que exercitamos nosso pensar na e pela linguagem. Explicando,

64. A esse respeito, basta verificarmos o entendimento de Paulo de Barros Carvalho acerca do fenômeno jurídico da incidência, que não ocorre automaticamente, mas apenas se, e somente se, comparecer a linguagem movimentando as estruturas do direito, a fim de fazer brotar, no processo de compreensão, interpretação e aplicação do direito, a norma individual e concreta.

mais uma vez, por analogia, certa vez observou Heidegger (1979, p. 151) que "o esvaziamento da linguagem, que grassa em toda parte e rapidamente, não corrói apenas a responsabilidade estética e moral em qualquer uso da linguagem. Ela provém de uma ameaça à essência do homem". Pode-se dizer, guardadas as devidas proporções, que as preocupações do Constructivismo Lógico-Semântico consistem, sobremodo, em evitar um esvaziamento da linguagem no campo da fenomenologia jurídica.

Por trás dessa preocupação, está a percepção de que o direito não é simplesmente um objeto a ser estudado a distância, sob a perspectiva de uma filosofia da consciência, mas um *factum comunicacional* ou um jogo de linguagem vocacionado à regulação de condutas humanas intersubjetivas. Participar desse jogo de linguagem requer, para dizermos ao modo de Heidegger, não somente um cultivo frio e erudito da linguagem, mas devolver à palavra (ao *logos*) o valor de sua essência, erigindo, a partir de então, a casa do ser, dentro da qual reside o homem, que é, em essência, linguagem.

Tudo isso induz à percepção de que o Constructivismo Lógico-Semântico, enquanto conceito de método centrado muito mais no *como*, do que no *quê* do direito, consiste numa fenomenologia aplicada ao direito, pois, ao fim e ao cabo, trata-se da possibilidade de exercitar o pensamento nesse campo existencial. Paulo de Barros Carvalho descreve esse exercício como "escrever pensando", observando ser isso inusual dentro da dogmática jurídica tradicional, com seu viés meramente expositivo e, por vezes, autoritário.

4.1.1.2 Constructivismo Lógico-Semântico e hermenêutica: o percurso gerativo de sentido

Conforme visto ao longo deste trabalho, interpretação e aplicação do direito foram (e ainda são) concebidos, tradicionalmente, como atos apartados. Interpretação entendida como a busca pelo sentido do texto da lei, sentido esse dado como expressão da vontade do legislador (*voluntas legislatoris*) ou da vontade da lei (*voluntas legis*). Aplicação como a operação lógica de subsunção do caso concreto à norma jurídica, uma vez tendo essa sido interpretada previamente.

Dentro dessa perspectiva, observa Tercio Sampaio Ferraz Jr. (2019, p. 281) que "o processo de subsunção tem a ver com o problema da aplicação do direito. A aplicação não se confunde com a interpretação, embora a exija. Demonstrado, por via hermenêutica, o *sentido* da norma, é preciso demonstrar que o caso a ser decidido nele se enquadra". Ou seja,

> nessa visão, a hermenêutica jurídica, considerada atividade de *interpretar*, seria atividade que *precederia* a atividade de *aplicar*. [...] *Interpretar*, nesses termos, seria capacitar-se para apontar o alcance do direito em vista de possíveis conflitos *concretos* (interpretação extensiva, restritiva, analógica) (FERRAZ JR., 2019, xii).

No centro dessa visão tradicional está o entendimento de que o direito é um dado objetivo, externo ao sujeito cognoscente, e que os comandos normativos (as normas jurídicas) encontram-se impregnados no texto, confundindo-se com sua literalidade ou implícitos em suas sentenças. No limite, essa visão objetivista induz ao senso comum teórico jurídico de que há, de um lado, a norma jurídica, que se confunde com os textos normativos, e, de outro, os fatos ou acontecimentos concretos do mundo. Mais que isso, essa perspectiva confunde sentença com proposição, confundindo, por sua vez, sentido e texto. Conforme observa Aurora Tomazini de Carvalho (2013, p. 244), "sob essa perspectiva, o sentido era algo dado, contido no texto, mas escondido na sua implicitude, sendo a função do intérprete exteriorizá-lo".

Compreende-se, desse modo, porque essa perspectiva induz ao entendimento de que a norma jurídica embutida nos textos incide automática e infalivelmente sobre os fatos do mundo da vida, juridicizando-os independentemente de qualquer operação da linguagem, à guisa de um raio disparado por forças ocultas. Cita-se, por exemplo, Alfredo Augusto Becker, para quem a incidência da norma jurídica é automática e infalível, bastando que o texto traga a hipótese de incidência prevendo o fato ou os fatos sobre os quais haverá a incidência, uma vez tenham estes ocorrido.

Para Paulo de Barros Carvalho, entretanto, "a aplicação do direito é promovida por alguém que pertence ao contexto social por ele regulado e emprega os signos jurídicos em conformidade com pautas axiológicas comuns à sociedade" (CARVALHO, 2013, p. 203-204). Sob a perspectiva do Constructivismo Lógico-Semântico, portanto, o direito consiste num artefato cultural, dado linguisticamente dentro de determinado contexto ou jogo de linguagem. O fenômeno jurídico só o é enquanto tal por ser um fenômeno linguístico.

Partindo desse pressuposto, a entidade fundante do direito, que é a norma jurídica, passa a ser concebida dentro do processo hermenêutico como o sentido, que consiste no aparelhamento formal da compreensão, interpretação e aplicação do direito. Por isso vai afirmar Paulo de Barros Carvalho (2013, p. 187) que "conhecer o direito é, em última análise, compreendê-lo, interpretá-lo, construindo o conteúdo, o sentido e o alcance da comunicação legislada", que é a norma jurídica.

Cabe o registro, por oportuno, de que essa proposta de acesso ao direito pela chave do horizonte da filosofia da linguagem e da filosofia hermenêutica contemporânea conduz Paulo de Barros Carvalho a criticar, inevitavelmente, a hermenêutica jurídica concebida, no âmbito da dogmática, como um conjunto de técnicas de interpretação, tais como a gramatical/literal, a lógica, a teleológica, a sistemática, a histórica etc.

> A doutrina tem aconselhado vários métodos de interpretação, quais sejam: literal ou gramatical, histórico ou histórico-evolutivo, lógico, teleológico e sistemático. Contudo, tomado o direito positivo como camada linguística vazada em termos prescritivos,

> com um vetor dirigido ao comportamento social, nas relações de intersubjetividade, este deve ser interpretado com base nos métodos empregados em sistemas de linguagens. E o conhecimento de toda e qualquer manifestação de linguagem pede a investigação de seus três planos fundamentais: a sintaxe, a semântica e a pragmática (CARVALHO, 2013, p. 202).

Tal como Heidegger, que concebia o sentido não como uma propriedade colada nos entes ou pairando sobre eles como um "terceiro reino" a ser descoberto, mas sim como a perspectiva a partir da qual algo se torna compreensível como algo, a norma jurídica, para Paulo de Barros Carvalho, também se apresenta não como algo próprio ou contido no texto de lei (explícita ou implicitamente), mas como a realização do processo hermenêutico decorrente do diálogo entre intérprete e texto. Conforme observa,

> [...] não se poderia imaginar, em sã consciência, que essa base empírica [o texto] contivesse, dentro dela, como uma joia, o conteúdo significativo, algo abstrato, de estrutura eminentemente ideal. Muito menos que o teor de significação estivesse envolvendo o material empírico, ou sobre ele flutuando como nuvens que recobrem os elevados rochedos (CARVALHO, 2015, p. 119, grifos nossos).

Aurora Tomazini de Carvalho (2013, p. 225), que também defende abertamente uma visão constructivista do fenômeno jurídico, tal como proposta por Paulo de Barros Carvalho e Lourival Vilanova, vai dizer que "a significação não está atrelada ao signo (suporte físico) como algo inerente a sua natureza, ela é atribuída pelo intérprete e condicionada as suas tradições culturais". Observa, ainda, que "sendo o sentido uma construção do sujeito, não há como dissociá-lo da sua historicidade (cultura)" (CARVALHO, 2013, p. 230). Segundo a autora, a influência da história sobre a produção de conteúdos no processo interpretativo independe de estar ou não o intérprete consciente de sua historicidade, uma vez que "mesmo sem saber identificar ao certo quais os pré-conceitos e pré-compreensões que informam o sentido construído eles estão presentes em toda trajetória hermenêutica" (CARVALHO, 2013, p. 230).

Dentro da perspectiva hermenêutico-constructivista proposta por Paulo de Barros Carvalho não cabe, portanto, falar em subjetividade ou intencionalidade do autor (legislador), uma vez que a interpretação consiste num processo de construção de sentido normativo a partir do plano de expressão/textual ou suporte físico como conjunto de signos estruturados sob forma enunciativa. Assim, e conforme esse autor, o sentido hermenêutico-jurídico, que é a norma jurídica, "é uma estrutura categorial *construída*, epistemologicamente, *pelo intérprete*, a partir das significações que a leitura dos documentos do direito positivo desperta em seu espírito" (CARVALHO, 2013, 189, grifos nossos).

Daí por que, para Paulo de Barros Carvalho, "não é correta a proposição segundo a qual, dos enunciados prescritivos do direito posto, extraímos o conteúdo, o sentido e o alcance dos comandos jurídicos" (CARVALHO, 2013, p. 191). Ou seja, o sentido ou a norma jurídica é o resultado da interpretação. As aproximações, aqui, com a hermenêutica filosófica de Hans-Georg Gadamer tornam-se não só factíveis como também inevitáveis, conforme nos comprova a passagem a seguir da lavra de Paulo de Barros Carvalho:

> segundo os padrões da moderna Ciência da Interpretação, o sujeito do conhecimento não "extrai" ou "descobre" o sentido que se achava oculto no texto. Ele o "constrói" em função de sua ideologia e, principalmente, dentro dos limites de seu "mundo", vale dizer, do seu universo de linguagem (CARVALHO, 2013, p. 197).

A perspectiva analítico-hermenêutica proposta por Paulo de Barros Carvalho, em que o autor demonstra, no seu pormenor, como texto e norma não se confundem e como se dá a construção de sentido (norma jurídica) pelo intérprete, é explicitada por meio do que ele chamou de *percurso gerador de sentido* ou *trajetória de interpretação*.

Esse *percurso* elucida a trajetória e todo o esforço hermenêutico-jurídico de compreensão, interpretação e aplicação do direito, cujo resultado é a norma jurídica que atua na regulação de condutas.

No *percurso gerador de sentido* concebido por Paulo de Barros Carvalho, a hermenêutica (compreensão, interpretação e aplicação) de textos jurídicos se dá em quatro planos: 1º) plano da literalidade textual ou do texto do direito positivado (S_1); 2º) plano das unidades mínimas de conteúdo prescritivo, que são as proposições prescritivas, também chamadas pelo autor de enunciados prescritos ou proposicionais (S_2); 3º) plano das unidades elementares e expressivas da mensagem deôntica, que são as normas jurídicas em sentido estrito, estruturadas sob a forma de juízo hipotético condicional (S_3); e, por fim, 4º) plano do sistema, em que, por meio de operações de coordenação e subordinação, as unidades elementares expressivas do deôntico (normas jurídicas em sentido estrito) entram em conversação hermenêutica dentro do sistema normativo (S_4). Conforme esquematiza e descreve esse autor:

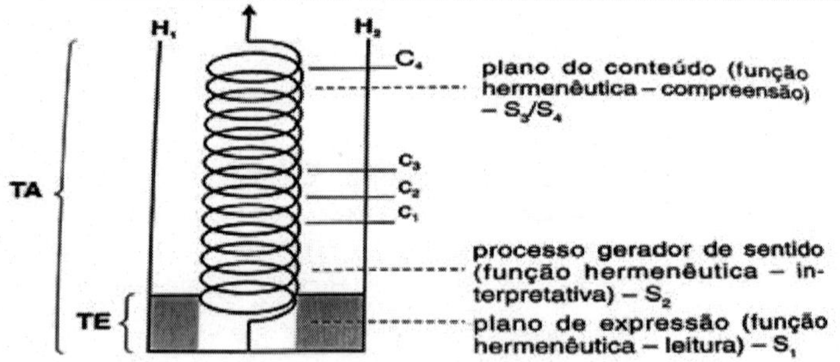

Onde: TA = texto em sentido amplo; TE = texto em sentido estrito; H_1 e H_2 = horizontes da nossa cultura.

Observa-se a existência dos quatro planos da linguagem, representados por S_1, S_2, S_3 e S_4, partindo a interpretação do plano da literalidade textual (S_1) que compõe o texto em sentido estrito (TE), passando, mediante o processo gerador de sentido, para o plano do

> conteúdo dos enunciados prescritivos (S_2), até atingir a plena compreensão das formações normativas (S_3) e a forma superior do sistema normativo (S_4), cujo conjunto integra o texto em sentido amplo (TA). Esse processo interpretativo encontra limites nos horizontes da nossa cultura (H_1 e H_2), pois fora dessas fronteiras não é possível a compreensão (c_1, c_2, c_3, c_4) (CARVALHO, 2015, p. 130).

Desta feita, o *percurso gerativo de sentido*, que pode ser traduzido como o esforço hermenêutico para construção de normas jurídicas reguladoras de condutas intersubjetivas, não se encerra no plano textual do direito positivo. Pelo contrário, neste se inicia, a partir do que as unidades proposicionais prescritivas dotadas de sentido são construídas. Essas unidades proposicionais prescritivas são, no passo subsequente, articuladas pelo intérprete em estruturas hipotético-condicionais de modo que uma proposição ocupe a posição de antecedente (hipótese) e outra a posição de consequente (tese), compondo as unidades expressivas do deôntico em sua feição elementar. Trata-se, aqui, das normas jurídicas em sentido estrito. Por fim, dado que as normas não habitam, isoladamente, o sistema normativo, o intérprete as articula em planos de coordenação e subordinação, dentro de uma unidade maior, que é o sistema jurídico-normativo, em que as normas compõem efetivamente o jogo de linguagem do direito, a fim de regular condutas intersubjetivas.

Segundo Paulo de Barros Carvalho (2013), esse percurso hermenêutico assenta-se em dois axiomas: intertextualidade e inesgotabilidade. O primeiro consiste no "intenso diálogo que os textos mantêm entre si, sejam eles passados, presentes ou futuros, pouco importando as relações de dependência estabelecidas entre eles" (CARVALHO, 2013, p. 197). O segundo, por sua vez, consiste na "ideia de que toda a interpretação é infinita, nunca restrita a determinado campo semântico. Daí a inferência de que todo texto poderá ser sempre reinterpretado" (CARVALHO, 2013, p. 197). Vai dizer esse autor, com acerto, que

> A interpretação pressupõe o trabalho penoso de enfrentar o percurso gerador de sentido, fazendo com que o texto possa dialogar com outros textos, no caminho da intertextualidade, onde se instala a conversação das mensagens com outras mensagens, passadas, presentes e futuras, numa trajetória sem fim, expressão da inesgotabilidade (CARVALHO, 2013, p. 196).

O intérprete, a partir de sua estrutura prévia compreensiva (seus preconceitos), constrói as normas jurídicas na articulação comunicativa com o texto positivado, empreendendo a fusão de horizontes de que tanto falou Gadamer. Na esteira de Paulo de Barros Carvalho (2013, p. 197), "o sujeito do conhecimento não 'extrai' ou 'descobre' o sentido que se achava oculto no texto. Ele o 'constrói' em função de sua ideologia e, principalmente, dentro dos limites de seu 'mundo', vale dizer, do seu universo de linguagem".

Resta clara, aqui, a ideia de horizonte cultural como limite à compreensão, interpretação e aplicação do direito. Assim como concebido por Gadamer em sua hermenêutica filosófica, o intérprete do direito encontra-se, na perspectiva do Constructivismo Lógico-Semântico, imerso numa tradição linguística, sendo herdeiro de preconceitos que orientaram, previamente (estrutura prévia), sua compreensão, interpretação e aplicação, a partir do que normas jurídicas são construídas por meio da conversação hermenêutica estabelecida entre intérprete e textos jurídicos. Segundo observa Paulo de Barros Carvalho (2015) acerca de sua proposta analítico-hermenêutica, o *percurso gerativo de sentido* ou a *trajetória hermenêutica* exige uma pré-compreensão, que a antecede e a torna possível. No mesmo sentido, para Aurora Tomazini de Carvalho,

> as significações construídas no processo interpretativo encontram-se condicionadas aos pré-conceitos e pré-compreensões do intérprete, não são obras da sua subjetividade isolada, separada da história, mas só explicáveis a partir de uma tradição, que codetermina sua existência no mundo (CARVALHO, 2013, p. 230).

Os preconceitos, enquanto estrutura prévia herdada da tradição, consistem em valores morais, religiosos, políticos, estéticos etc., amalgamados em linguagem, que, uma vez expressos em palavras, irão denotar as preferências do intérprete. Por meio deles se constrói o sentido ou a perspectiva interpretativa, de modo que, pontua Aurora Tomazini de Carvalho (2013, p. 230), "sendo o sentido uma construção do sujeito, não há como dissociá-lo da sua historicidade (cultura)".

Uma vez que noções tais como horizonte cultural e historicidade são elementos importantes na composição dos valores e preconceitos do intérprete dentro da hermenêutica jurídica defendida pelo Constructivismo Lógico-Semântico, vale, aqui, rememorar a dignidade da figura da autoridade, pois é por meio dela (do diálogo com a tradição) que herdamos nossos preconceitos.

A compreensão, desse modo, resulta da participação num evento da tradição, num processo de mediação entre passado e presente. Não se trata de um acervo fixo e imutável de preconceitos, mas sim de preconceitos que se encontram sempre em estado *in fieri*, o que torna o horizonte cultural do intérprete algo maleável, que pode tanto ser alargado, quanto mantido ou estreitado. Conforme observou Gadamer (1997, p. 455), horizonte é "algo no qual trilhamos nosso caminho e que conosco faz o caminho", deslocando-se constantemente e no mesmo ritmo do intérprete. A esse respeito, Paulo de Barros Carvalho faz a seguinte reflexão:

> A instável relação entre os homens, no turbulento convívio social, gera inevitáveis mutações semânticas, numa sucessão crescente de alterações que se processam no interior do espírito humano. Aquilo que nos parecia objeto de inabalável convicção, em determinado momento de nossa existência, fica desde logo sujeito a novas conformações que os fatos e as pessoas vão suscitando, no intrincado entrelaçamento da convivência social. [...] Os signos do direito surgem e vão se transformando ao sabor das circunstâncias. Os fatores pragmáticos, que intervêm na trajetória dos atos comunicativos, provocam inevitáveis modificações

> no campo de irradiação dos valores significativos, motivo pelo qual a historicidade é aspecto indissociável do estudo das mensagens comunicacionais (CARVALHO, 2013, p. 201-202).

Nota-se, ademais, que a perspectiva hermenêutica do Constructivismo Lógico-Semântico, por se ancorar nos pressupostos da filosofia da linguagem e da hermenêutica filosófica contemporânea, não comporta subjetivismos ou atitudes interpretativas solipsistas. Conforme Aurora Tomazini de Carvalho (2013, p. 235), a construção da norma jurídica, que consiste no sentido conferido ao texto da lei pelo intérprete, tem como limites "(i) o plano de expressão dos textos jurídicos; (ii) os horizontes culturais do intérprete; e (iii) todo o contexto que os envolve". Isso porque, observa a mesma autora:

> Os sentidos são próximos em razão do contexto que os determina e por seus intérpretes vivenciarem a mesma língua, isto é, terem tradições comuns.
>
> [...]
>
> o que aproxima os sentidos e consequentemente as realidades significativas construídas (textos em sentido amplo) é o contexto comum e o fato dos intérpretes vivenciarem culturas próximas. Muda-se o contexto, modifica-se a significação. Muda-se o intérprete ou seus referenciais culturais e modifica-se a significação.
>
> [...]
>
> a compreensão não está vinculada ao que o emissor quis dizer. [...] está relacionada aos vínculos que se estabelecem entre textos (contexto) e aos referenciais histórico-culturais de cada intérprete (CARVALHO, 2013, p. 232).

Mas, aqui, também encontramos as mesmas preocupações contidas nas especulações filosóficas empreendidas por Gadamer quanto à (i)legitimidade dos preconceitos, para não se incorrer em compreensões ingênuas ou simplistas, forjadas, como disse Heidegger, com base em "felizes ideias/aspirações" ou em "conceitos populares". Nesse sentido, vai dizer Paulo de Barros Carvalho que

> aquilo que podemos esperar de quem empreenda a aventura do conhecimento, no campo do social, a esta altura, é uma atitude de reflexão, de prudência, em respeito mesmo às intrínsecas limitações e à própria finitude do ser humano. Esta tomada de consciência, contudo, não pode representar a renúncia do seguir adiante, expressa nas decisões que lhe parecerem mais sustentáveis ao seu projeto descritivo (CARVALHO, 2013, p. 201).

Outro ponto a merecer destaque está no caráter universal da hermenêutica jurídica contida nas reflexões de Paulo de Barros Carvalho. Ou seja, o autor não concebe a hermenêutica jurídica como um caso especial ou dotada de singularidades em relação a outras hermenêuticas, a ponto de excluí-la da hermenêutica filosófica tal qual concebida por Hans-Georg Gadamer.

Após observar, com base em Gadamer, que texto é tudo o que pode ser interpretado, afirma Paulo de Barros Carvalho (2020, p. 7) que "a hermenêutica não só adquire uma função decisiva, como passa a ser o modo por excelência de compreender-se o mundo". Essa posição é reiterada por Aurora Tomazini de Carvalho (2013, p. 233) do seguinte modo: "Mas como ter acesso ao conteúdo legislativo, isto é, como são produzidos os sentidos dos textos jurídicos? E a resposta é: *como de qualquer outro texto*". Isso demonstra, em certa medida, que não há, dentro da perspectiva do Constructivismo Lógico-Semântico, uma hermenêutica própria aos textos jurídicos, dissociada e distinta da hermenêutica como uma condição existencial do homem.

Essa posição torna-se ainda mais explícita quando Aurora Tomazini de Carvalho submete ao escrutínio intelectivo a distinção posta por Hans Kelsen entre intérprete autêntico e não autêntico. Autêntica, segundo Kelsen (2009), seria a interpretação decorrente de um ato de vontade, em que um órgão jurídico aplicaria o Direito; enquanto não autêntica seria qualquer outra interpretação não realizada por um órgão jurídico, como aquela levada a cabo pela ciência jurídica ou por um cidadão comum quando do cumprimento de uma norma jurídica qualquer.[65]

Entretanto, para Aurora Tomazini de Carvalho trata-se de diferenciação cujo critério foca o sujeito, de modo que "se a interpretação for feita por pessoa credenciada juridicamente é autêntica, se produzida por qualquer outra não competente, é doutrinária" (CARVALHO, 2013, p. 262). Em franca objeção a esse critério, aduz a autora que, "independentemente da pessoa, as significações construídas no processo interpretativo, que tomam por base o suporte físico positivado pelo legislador, são direito positivo" (CARVALHO, 2013, p. 262).[66]

Paulo de Barros Carvalho (2013) também observa que não é qualquer um que está habilitado a compreender, interpretar e aplicar o direito, mas somente aqueles inseridos, como participantes, na comunicação jurídica. Dito de outro

---

65. Para Kelsen (2009, p. 395), "se um indivíduo quer observar uma norma que regula a sua conduta, quer dizer, pretende cumprir um dever jurídico que sobre ele impende realizando aquela conduta a cuja conduta oposta a norma jurídica liga uma sanção, esse indivíduo, quando tal conduta não se encontra univocamente determinada na norma que tem de observar, também tem de realizar uma escolha entre diferentes possibilidades. Porém, esta escolha não é autêntica. Ela não é vinculante para o órgão que aplica essa norma jurídica e, por isso, corre sempre o risco de ser considerada como errônea por este órgão, de forma a ser julgada como delito a conduta do indivíduo que nela se baseou".

66. Segundo Aurora Tomazini de Carvalho (2013, p. 264), "a interpretação feita pelo sujeito competente para produzir normas e aplicá-las é a mesma realizada por aquele que não goza de tal aptidão. A diferença está na linguagem (enunciado) em que ela é materializada. Para alguém dizer 'a norma x é inconstitucional' atravessa os quatro planos da construção do sentido dos textos jurídicos (S1, S2, S3 e S4). O percurso realizado é o mesmo tanto para o sujeito competente (STF), quanto para aquele que não goza de tal capacidade. Ambos constroem sentidos prescritivos, uma para aplicar outro para descrever". A diferença, para a autora, é que a interpretação autêntica pode criar novo enunciado jurídico, enquanto a não autêntica não poderia fazê-lo. Importa o registro de que a tentativa de Aurora Tomazini de Carvalho em tentar contornar a distinção proposta por Kelsen, acaba, ao fim e ao cabo, por retornar a Kelsen, pois o ponto central de sua distinção entre interpretação autêntica e não autêntica reside justamente no fato de que enquanto a primeira cria o Direito, a não autêntica não o cria: "A interpretação feita pelo órgão aplicador do Direito é sempre autêntica. Ela cria o Direito" (KELSEN, 2009, p. 394).

modo, somente aos participantes credenciados pelo jogo de linguagem do direito estarão legitimados como emissor da mensagem jurídica. A distinção entre intérprete autêntico e não autêntico passa a ser estabelecida, portanto, a partir das próprias regras do jogo de linguagem do direito. Quem está de fora, e não inserido legitimamente numa situação concreta (facticidade hermenêutica), não poderá construir sentido normativo.

Explicita muito bem o pensamento de Paulo de Barros Carvalho (2013) a reflexão que esse autor faz acerca do lançamento tributário. O lançamento sempre foi concebido pela doutrina tributária tradicional como uma atividade (ato ou procedimento) de competência exclusiva da autoridade administrativa. Presa à literalidade do art. 142 do Código Tributário Nacional, sustenta essa doutrina tradicional o entendimento de que a constituição do crédito tributário por meio de norma jurídica cabe exclusivamente à autoridade estatal, e nunca ao agente privado, muito embora este seja o verdadeiro utente da norma e um legítimo participante desse jogo de linguagem. Entretanto, ao refletir sobre os casos, cada vez mais frequentes em nossa realidade tributária atual, em que o agente privado (cidadão comum/contribuinte) assume o encargo de compreender, interpretar e aplicar o direito tributário com vistas a construir a norma jurídica constituidora do respectivo crédito tributário, Paulo de Barros Carvalho (2013) entende tratar-se de lançamento realizado pelo agente privado, o que demonstra não ser uma atividade exclusiva dos agentes estatais.

Nesse caso, o autolançamento realizado por agente privado decorre de compreensão, interpretação e aplicação de textos jurídicos, que resulta na criação de norma jurídica constituidora do crédito tributário. Conforme Paulo de Barros Carvalho (2013, p. 517), o autolançamento consiste em "expediente de iniciativa do particular para imitir no sistema do direito posto a norma individual e concreta que tipificará o evento tributário, convertendo-o em fato jurídico, ao mesmo tempo em que firmará em linguagem competente a relação jurídica por ele irradiada". Ou seja, no caso do autolançamento tributário tanto a autoridade administrativa estatal quanto o agente privado (contribuinte), como um participante desse jogo de linguagem jurídica, estão credenciados para, legitimamente, compreender, interpretar e aplicar o texto jurídico-tributário e, com isso, construir a norma tributária correspondente. São dois intérpretes credenciados pelo sistema para compreender, interpretar e aplicar o direito tributário.

A mesma comparação e os mesmos resultados foram obtidos quando Gadamer comparou a hermenêutica histórica e a hermenêutica jurídica, chegando à conclusão de que em um e outro o círculo hermenêutico pressupõe compreensão, interpretação e aplicação. Quando um utente da norma a interpreta para adequar sua conduta a essa interpretação, ele, tanto quanto o julgador ou o órgão "aplicador", compreende, interpreta e aplica a norma, trazendo-a para sua situação presente. Isso também ocorre quando falamos em interpretação doutrinária ou qualquer outra.

4.1.2 Outras evidentes manifestações da filosofia hermenêutica contemporânea no pensamento jurídico nacional

Ao ensejo, importa abordar outras importantes contribuições teóricas ao fomento e à disseminação de uma hermenêutica jurídica aderente ao *pós* giro linguístico, como a de Eros Roberto Grau e Lenio Luiz Streck, mas somente na medida em que tais contribuições refletem, em território nacional, um acesso ao direito a partir da filosofia da linguagem e da filosofia hermenêutica contemporânea. Eros Grau e Lenio Streck trazem, cada um a seu modo, importantes contribuições à teoria jurídica hermenêutica nacional, assentando explicitamente seus esforços também no horizonte da filosofia da linguagem e, sobretudo, na hermenêutica filosófica de Gadamer.

Sem a pretensão de esgotar o inteiro teor do pensamento desses autores, o que demandaria, *per se*, trabalho monográfico exclusivo, nos tópicos seguintes trago uma visão geral das principais contribuições de cada um desses importantes jusfilósofos, dando destaque àquilo que seus estudos contribuem para a identificação de uma hermenêutica jurídica fundamentada na filosofia da linguagem e na hermenêutica filosófica contemporânea, apta a lidar com os problemas jurídicos contemporâneos.

4.1.2.1 Contribuições de Eros Roberto Grau

As reflexões lançadas por Eros Roberto Grau acerca da hermenêutica jurídica encontram-se muito bem articuladas em sua obra *Ensaio e discurso sobre a interpretação/aplicação do direito*, que é tomada, aqui, como referência, muito embora o autor aponte uma outra obra sua editada em Milão, sob o título *La Doppia Destruturazione del Diritto*, que também foi editada em Barcelona, sob o título *La Doble Desestructuracón y la Interpretación del Derecho*.

As reflexões alinhavadas por Eros Grau têm como pano de fundo certa crítica aos cânones hermenêuticos tradicionais, contraposta à sua adesão à hermenêutica jurídica contemporânea de matriz europeia, cuja base teórico-filosófica assenta-se na filosofia hermenêutica elaborada, inicialmente, por Martin Heidegger e desenvolvida, posteriormente, por Hans-Georg Gadamer.

Sobre a crítica à hermenêutica tradicional, aponta que sua existência, associada a regras de uso estatuídas hierarquicamente, conduz a arbitrariedades. Vai dizer, assim, que "esses cânones funcionam como justificativas a legitimar resultados que o intérprete se predeterminara a alcançar, cujo alcance não é, porém, determinado mediante o seu uso. Funcionam como reserva de recursos de argumentação em poder dos intérpretes [...]" (GRAU, 2005, p. 104).

Adverte Eros Grau que o emprego dessas técnicas parte da crença de que ou a interpretação implica tão somente a identificação do significado da norma, que no texto encontra-se explícita ou implícita, ou determina o significado da norma com base na vontade do legislador. Diante disso, conclui o autor "que a reflexão hermenêutica repudia a metodologia tradicional da interpretação e coloca sob acesas críticas a sistemática escolástica dos métodos, incapaz de responder à questão de se saber por que um determinado método deve ser, em determinado caso, escolhido" (GRAU, 2005, XVII).

Sobre as bases jurídico-filosóficas para sua reflexão no campo da hermenêutica, aduz que autores como Winfried Hassemer, no direito penal, e Friedrich Müller, no direito público, já haviam incorporado, no campo da especulação jurídica, a hermenêutica filosófica originalmente elaborada por Heidegger e, posteriormente, desenvolvida por Gadamer. Aponta, ainda, que foi com Josef Esser que essa pauta adquiriu centralidade, "determinando as linhas desde as quais o debate sobre a interpretação do direito se desenrola na Europa, durante a década de 70" (GRAU, 2005, p.106).

A proposta hermenêutica de Eros Grau para acesso ao fenômeno jurídico, desta feita, insere-se dentro do horizonte da filosofia da linguagem, encontrando na hermenêutica filosófica de Hans-Georg Gadamer seu fundamento filosófico de validade. Prova disso é que, de partida, assume o autor a premissa de que a interpretação do direito não é meramente declarativa/reprodutiva, mas, sim, construtiva/produtiva. Dessa premissa, parte para o entendimento de que o que se interpreta são os textos do direito positivo e a realidade fática, sendo as normas jurídicas o resultado dessa interpretação.

Nesse ponto, verifica-se que, em Eros Grau, texto e norma são coisas distintas, sendo a norma o resultado da interpretação do texto jurídico ou o sentido normativo construído pelo intérprete do direito: "a norma é a interpretação do texto normativo. [...] o significado da norma é produzido pelo intérprete. Por isso dizemos que as disposições, os enunciados, os textos, nada dizem; eles dizem o que os intérpretes dizem que eles dizem [...]" (GRAU, 2005, III).

Disso resulta que um sistema normativo é o conjunto das interpretações que se realizam sobre os textos jurídicos. Ou seja, "como as normas resultam da interpretação, o ordenamento, no seu valor histórico-concreto, é um conjunto de interpretações, isto é, um conjunto de normas" (GRAU, 2005, III). Evidenciando influências aristotélicas, vai dizer o autor que texto é norma jurídica em potência, enquanto a norma jurídica é o texto ou o direito positivo em ato.

Eros Grau chega a essa constatação de que texto e norma não se confundem – e de que esta resulta do labor hermenêutico – a partir de sua clara e consciente filiação à hermenêutica filosófica gadameriana. Entende, assim, que o processo hermenêutico de um texto jurídico pelo intérprete envolve compreendê-lo, interpretá-lo e aplicá-lo, a um só tempo, pois compreensão, interpretação e aplicação, assim como concebido por Gadamer, não são fases autônomas, mas processos indissociáveis, em que um implica, necessariamente, o outro.

Sob esse aspecto, assevera que, distintamente da interpretação concebida como técnica de subsunção do fato à norma, "ela – a reflexão hermenêutica – permite a descrição do processo de interpretação dos textos de direito, que tem na *pré-compreensão* o seu momento inicial" (GRAU, 2005, p. 108). Ou seja, a hermenêutica somente ocorre e se desenvolve a partir de pressuposições, que nada mais são do que os preconceitos que compõem o horizonte cultural do intérprete.

Com isso, Eros Grau depreende que a hermenêutica, longe de ser um conjunto de técnicas à disposição do intérprete, ancora-se no plano da facticidade e da historicidade, o que leva em consideração a cultura e os valores inerentes ao intérprete, os quais são forjados na e pela linguagem. Por isso vai dizer que "o saber jurídico há de ser concebido como um processo de diálogo [...]" (GRAU, 2005, p. 107).

Desta feita, a compreensão do direito não consiste em emprego de técnicas para dele extrair algum sentido, mas sim em exercício da prudência ou da sabedoria prática, tal como concebida por Aristóteles em sua *Ética a Nicômaco*. Observa, assim, que o *compreender* é algo existencial, inerente à experiência. Ao valer-se da fenomenologia hermenêutica de Heidegger, vai dizer o autor que

> A *compreensão* escapa ao âmbito da ciência. A *compreensão* respeita ao *ser no mundo* (*Dasein*). E o *ser no mundo* é um ente que não se limita a colocar-se entre outros entes; é, ao contrário, um ente que se caracteriza onticamente pelo privilégio de, em seu ser – isto é, *sendo* –, estar em jogo seu próprio ser [...]. Logo, o *compreender* **é algo** *existencial*; a *compreensão* do ser é, ela mesma, uma *determinação de ser* do ser no mundo. Ela se dá como *compreensão do ser* [...]. A *compreensão*, é, então, *experiência* (GRAU, 2005, p. 106).

Para Eros Grau (2005, XVI), portanto, "o que se compreende, no caso da interpretação do direito, é algo – um 'objeto' – que não pode ser conhecido independentemente de um sujeito". A reflexão hermenêutica, vai dizer o autor, "ensina que o processo de interpretação dos textos normativos encontra-se na pré-compreensão o seu momento inicial, a partir do qual ganha dinamismo um movimento circular, que compõe o círculo hermenêutico" (GRAU, 2005, XVI).

Após conceber a compreensão como uma condição existencial, uma atitude eminentemente prática que, para seu exercício, requer a prudência, o autor prepara o terreno para sustentar que interpretação e aplicação do direito não se realizam automaticamente, advertindo que essa separação

"decorre da equivocada concepção da primeira como mera operação de subsunção" (GRAU, 2005, X). Diferente disso, para Eros Grau (2005, X) "a interpretação do direito consiste em concretar a lei em cada caso, isto é, na sua aplicação [Gadamer]. [...] Interpretação e aplicação consubstanciam um processo unitário [Gadamer], superpondo-se".

Esses são, em linhas gerais, os principais traços da hermenêutica jurídica defendida por Eros Grau, cuja análise leva à conclusão de que está alinhada à filosofia hermenêutica contemporânea, sobretudo à desenvolvida por Gadamer.

De todo modo, há um ponto contido na reflexão do autor que merece alguns destaques e observações. Trata-se da distinção, concebida por Hans Kelsen, entre intérprete autêntico e não autêntico. É que para Eros Grau, em que pese todos os operadores do direito serem seus intérpretes, somente uma categoria de intérprete conduz o processo hermenêutico à sua plenitude, cujo ponto culminante consiste na definição do que ele chama, a partir da doutrina de Friedrich Müller, de norma de decisão. Segundo sua letra, "este, que está autorizado a ir além da interpretação tão-somente como produção das normas jurídicas, para dela extrair normas de decisão, é aquele que Kelsen chama de 'intérprete autêntico': o juiz" (GRAU, 2005, IV).

Essa distinção entre intérprete autêntico e não autêntico leva Eros Grau a defender que somente aquele cria o direito no seu processo hermenêutico, enquanto este (intérprete não autêntico) não cria o direito. A distinção é sutil, pois o autor a estabelece ao tempo em que sustenta que "também esses intérpretes, *não-autênticos*, *produzem* normas" (GRAU, 2005, p. 85). Ou seja, intérprete autêntico e não autêntico *produzem* normas, mas somente o intérprete autêntico *cria* o direito por meio da norma de decisão expressa numa sentença ou acórdão judicial.[67]

---

67. "Quando os indivíduos querem observar uma norma que regule sua conduta, devem *fazer uma escolha*; mas essa escolha *não é autêntica*, isto é, *não cria direito*

Nota-se que ao adotar o conceito de intérprete autêntico, tal qual concebido por Kelsen, e a noção de norma de decisão (norma concretizadora) de Müller, Eros Grau acaba por retroceder naquilo que foi um dos maiores avanços empreendidos pela hermenêutica filosófica de Gadamer, que foi justamente superar a separação entre compreensão (*subtilitas intelligendi*), interpretação (*subtilitas explicandi*) e aplicação (*subtilitas applicandi*).

Isso porque, segundo Eros Grau, haveria, num primeiro momento, uma norma jurídica construída pelo intérprete com base no texto e nos fatos (real ou fictício). Nessa

– não é vinculante para o órgão que aplica essa norma jurídica. Também a interpretação feita pela ciência jurídica é distinta daquela feita pelos órgãos jurídicos; a interpretação feita pela ciência jurídica *não é autêntica*; é pura *determinação cognoscitiva do sentido das normas jurídicas*; não é criação jurídica" (GRAU, 2005, p. 92).
"[...]
O fato é que a norma é construída, pelo intérprete, no decorrer do processo de concretização do direito. O texto, preceito jurídico, é, como diz Friedrich Müller, matéria que precisa ser 'trabalhada'. Partindo do texto da norma (e dos fatos), alcançamos a norma jurídica, para então caminharmos até a norma de decisão, aquela que confere solução ao caso. Somente então se dá a concretização do direito. Concretizá-lo é produzir normas jurídicas gerais nos quadros de solução de casos determinados (Müller). A Concretização implica um caminhar do texto da norma para uma norma concreta (a norma jurídica), que não é ainda, todavia, o destino a ser alcançado; a concretização somente se realiza em sua plenitude no passo seguinte, quando é definida a norma de decisão, apta a dar solução ao conflito que consubstancia o caso concreto. Por isso sustento que interpretação e concretização se superpõem. Inexiste, hoje, interpretação do direito sem concretização; esta é a derradeira etapa daquela" (GRAU, 2005, V).
"[...]
Inicialmente caminhamos do *texto da norma* até a *norma jurídica*. Em seguida caminhamos da *norma jurídica* até a *norma de decisão*, aquela que determina a solução do caso. Apenas então se dá a *concretização geral*, no quadro da solução de um caso determinado" (GRAU, 2002, p. 73).
"[...]
Quando refiro a 'produção' do direito pelo juiz, refiro-a em sentido diverso daquele veiculado pelo vocábulo 'criação'. Pois o que desejo afirmar é que o intérprete autêntico 'produz' direito porque necessariamente completa o trabalho do legislador (ou do autor do texto, em função regulamentar ou regimental). O intérprete autêntico completa o trabalho do autor do texto normativo; a finalização desse trabalho, pelo intérprete autêntico, é necessária em razão do próprio caráter da interpretação, que se expressa na produção de um novo texto sobre aquele primeiro texto" (GRAU, 2005, p. 60).

primeira etapa, e conforme disse, todos os operadores do direito portariam a condição de intérprete, a exemplo do juiz, do professor em sala de aula ou do homem faminto que, ao passar por uma barraca de frutas, deixa de furtar uma maçã por compreender, interpretar e aplicar o texto do direito, produzindo a norma que proíbe o furto.

Entretanto, num segundo momento, quando da concretização da norma ante a solução de um caso concreto, ter-se-ia a norma de decisão concebida como ponto alto da interpretação do direito. Como, segundo Eros Grau, apenas os juízes estão habilitados pelo sistema para apresentar solução em face de um caso concreto (conflito), apenas a eles seria conferida a qualidade de verdadeiros intérpretes (ou intérpretes autênticos).

Esse entendimento acaba por conferir à hermenêutica jurídica a condição de caso especial de hermenêutica, o que depõe contra os principais avanços e teses defendidas, originalmente, por Heidegger e, posteriormente, por Gadamer. Importa lembrar que um dos desafios assumidos por Gadamer, em seu *Verdade e método*, foi justamente investigar se o direito era um caso especial de hermenêutica, que, em razão de sua condição prática, requereria para si, e com exclusividade, o ato de aplicação; ou se, tal qual todo e qualquer texto, deve ser compreendido, interpretado e aplicado.

Ademais, e conforme foi visto no capítulo anterior, a revolução ocorrida no plano comunicacional tem alterado substantivamente, e em velocidade considerável, alguns preconceitos tradicionalmente legados às gerações. Naquela ocasião, além das profundas mudanças nas noções de esfera pública e privada, apontamos a ressignificação do conceito de acesso à justiça, a partir da positivação jurídica dos meios autocompositivos como forma de solução de conflitos através da busca por entendimento entre as partes envolvidas, sem a necessidade de uma decisão proferida por meio da jurisdição estatal.

Por mais que seja necessário reconhecer os avanços decorrentes das reflexões hermenêuticas empreendidas por Eros Grau, esse ponto *suso* destacado parece ir de encontro à filosofia hermenêutica e à filosofia da linguagem contemporâneas. Assim, a distinção entre intérprete autêntico e não autêntico perde seu contorno preciso quando se pensa e opera um acesso ao Direito a partir da filosofia hermenêutica contemporânea e a partir do giro linguístico, dado que, enquanto jogo de linguagem, todos os participantes legítimos desse jogo se apresentam como seus potenciais intérpretes.

4.1.2.2 Contribuições de Lenio Luiz Streck

Lenio Luiz Streck está entre os pensadores em *terrae brasilis* (para usar uma expressão do próprio autor), cuja produção intelectual no campo da hermenêutica jurídica assenta-se, claramente, no horizonte da filosofia da linguagem, sobretudo a partir de Wittgenstein em *Investigações filosóficas*, e na revolução no campo da filosofia hermenêutica empreendida, inicialmente, por Heidegger e desenvolvida, posteriormente, por Gadamer.

A obra de Streck representa um verdadeiro esforço de guerra com vistas a lançar as bases para um acesso hermenêutico ao Direito em território nacional sob os auspícios da revolução linguístico-hermenêutica experimentada no plano filosófico a partir do século XX. Conforme salienta o autor, suas reflexões

> pretendem contribuir para a construção das condições de possibilidade de uma nova maneira de compreender o Direito. Ou seja, essa (nova) hermenêutica deve ser vista não como um emaranhado sofisticado de palavras, mas, sim, como uma ferramenta metateórica e transmetodológica a ser aplicada no processo de desconstrução do universo conceitual e procedimental do edifício jurídico, nascido no paradigma metafísico, que o impediu (e continua impedindo, ao abrigo do paradigma epistemológico da filosofia da consciência) de submetê-lo às mudanças que há muito

> tempo novas posições teóricas – não mais metafísicas – nos põem à disposição. Hermenêutica é experiência. É vida! É este nosso desafio: aplicá-la no mundo da vida! (STRECK, 2021, p. 373).

Essa mudança de horizonte, segundo o autor, não se processará sem ranhuras e espanto na comunidade jurídica nacional, que, impregnada pelo horizonte da filosofia da consciência, concebe a hermenêutica jurídica como um conjunto de técnicas à disposição do sujeito cognoscente com vistas a alcançar a "vontade da norma" ou o "espírito do legislador". Isso porque "acredita-se que o ato interpretativo é um ato cognitivo e que 'interpretar a lei é retirar da norma tudo o que nela contém', circunstância que bem denuncia a problemática metafísica nesse campo do conhecimento" (STRECK, 2021, p. 276).

Entretanto, destaca o autor que, a despeito do ceticismo que ainda habita o senso comum teórico de considerável parcela da comunidade jurídica brasileira, "é impossível negar as consequências da viragem proporcionada pela filosofia hermenêutica e pela hermenêutica filosófica para a interpretação do direito. Está-se a tratar de uma ruptura paradigmática que supera séculos de predomínio do esquema sujeito-objeto" (STRECK, 2015, p. 153).

As contribuições de Streck para a hermenêutica jurídica tomam como ponto de partida a demonstração da magnitude teórico-filosófica do giro linguístico (*linguistic turn*) e da filosofia hermenêutica contemporânea, contrapondo essa revolução ao horizonte da filosofia da consciência. Esse contraste é o que possibilita ao autor situar a hermenêutica jurídica em novas bases. Conforme aponta Streck (2015, p. 159), "no *linguistic turn*, a invasão que a linguagem promove no campo da filosofia transfere o próprio conhecimento para o âmbito da linguagem, onde o mundo se descortina; é na linguagem que se dá a ação; é na linguagem que se dá o sentido". Destaca, assim, o autor que "pela linguagem o mundo nos aparece e se dá enquanto mundo" (STRECK, 2021, p. 252).

Defende Streck que a superação do esquema sujeito--objeto fincou as bases para uma hermenêutica com raízes existenciais (como uma condição humana), uma vez que, lançado no mundo, a compreensão e a interpretação revelam o próprio ser-aí do homem (*Dasein*). Seguindo a ontologia hermenêutica de Heidegger, observa Streck (2015, p. 160) que, enquanto seres humanos, somos "entes que já sempre se compreendem a si mesmos e, assim, o compreender é um existencial da própria condição humana, portanto, faz também parte da dimensão ontológica [...]".

Com Gadamer, escreve Streck (2021), o *lócus* da pré--compreensão, enquanto possibilidade para qualquer interpretação, passa a ser a facticidade e a historicidade. Desse modo, vai dizer que o grande feito de Gadamer foi mostrar que o sentido é construído pelo intérprete e que compreensão, interpretação e aplicação não são processos autônomos, uma vez que se compreende para interpretar, ao tempo em que se dá a aplicação, de modo que no interpretar explicita-se o compreendido.

Com fulcro nesses fundamentos, Streck cria as condições para sustentar a norma jurídica como o sentido construído pelo intérprete através da compreensão, interpretação e aplicação dos textos jurídicos. Expõe, ademais, a estreita relação que há entre texto e norma, afirmando, sim, que a norma resulta da compreensão, interpretação e aplicação do texto jurídico, mas acrescentando que "*o texto não subsiste separadamente da norma* [...] O texto só ex-surge na sua 'normação'" (STRECK, 2021, p. 312).

Streck defende, portanto, que interpretar a lei consiste em tarefa de atribuição de sentido (*Sinngebung*), o que se faz quando se está "sustentado no paradigma da linguagem e na medida em que rompe com a possibilidade de saberes reprodutivos" (STRECK, 2021, p. 306). Ou seja, interpretar a lei, para Streck, é atividade criativa do direito (norma), de sorte que "negar que a norma é produto da interpretação do texto e que interpretar é sempre um ato aplicativo (*applicatio*), implica negar a temporalidade. [...] O texto será sempre e 'já normado' pelo intérprete" (STRECK, 2021, p. 391).

Entretanto, o intérprete e sua estrutura prévia (pré-compreensão) não são dados isoladamente, mas somente enquanto insertos numa tradição cultural forjada na e pela linguagem. Assim, complementa Streck (2021, p. 304-305) que "a pergunta pelo sentido do texto é uma pergunta pelo modo como esse sentido se dá, qual seja, através do intérprete, inserido na tradição, que compreende esse sentido". O intérprete está, desde sempre, inserido num mundo linguisticamente constituído e em constituição, de modo que a construção do sentido normativo nunca é um processo isolado, "realizado por um *solus ipse* – mas é sempre um processo compartilhado. [pois] nunca se compreende sozinho; sempre se compreende com o Outro, ainda que esse Outro não seja visível, fisicamente" (STRECK, 2021, p. 330, grifos nossos).

Conclui, assim, Streck que "quem interpreta é sempre um sujeito histórico concreto, mergulhado na tradição. [...] O intérprete [complementa] é já, e desde sempre, integrante de um mundo linguístico" (STRECK, 2021, p. 364, grifos nossos). Trata-se, portanto, da conversação hermenêutica de que falou Gadamer, em que o presente está em constante diálogo com o passado. Com essa breve síntese, nota-se que Lenio Luiz Streck, assim como Paulo de Barros Carvalho e Eros Roberto Grau, está entre os poucos pensadores em *terrae brasilis* que conseguiu captar, no âmbito da Teoria Geral e da Filosofia do Direito, a revolução que se passou no altiplano filosófico, desenvolvendo uma teoria hermenêutica do direito em consonância com o horizonte da filosofia da linguagem e com a hermenêutica filosófica contemporânea.

4.2 Entre a hermenêutica filosófica e uma perspectiva analítico-hermenêutica do direito: proposta de simplificação

A par das inestimáveis contribuições ofertadas no plano da Teoria Geral ou da Filosofia do Direito pelo Constructivismo Lógico-Semântico de Lourival Vilanova e Paulo de Barros Carvalho, por Eros Roberto Grau e por Lenio Luiz Streck, e uma vez tendo sido demarcado, em face dos demais horizontes, os traços característicos do horizonte filosófico da linguagem, demonstrando, com Heidegger e Gadamer, como o giro linguístico iniciado por L. Wittgenstein atua como *background* para uma perspectiva hermenêutica de cunho existencial, pensamos ser possível e salutar, à guisa de simplificação e elucidação, propor uma sistematização que, em certa medida, conecte o plano filosófico com o plano da Teoria Geral do Direito, sem, com isso, ter a pretensão de superar as abalizadas contribuições supraelencadas.

O objetivo é tão somente reiterar, elucidativamente, como o horizonte filosófico da linguagem e a hermenêutica filosófica de base gadameriana são campos férteis para uma teoria analítico-hermenêutica do Direito, de modo a possibilitar um acesso ao fenômeno jurídico mais aderente à realidade social contemporânea, marcada, cada vez mais, pela complexidade no plano comunicacional.

4.2.1 Plano textual e plano normativo: a norma jurídica como um *constructo* do intérprete

Heidegger (2006), em sua fenomenologia hermenêutica, circunscreveu o sentido como a perspectiva a partir da qual se estrutura o projeto pela posição prévia, visão prévia e concepção prévia, de sorte a conferir compreensibilidade a alguma coisa. Para Heidegger, portanto, é a partir dessa perspectiva pré-compreensiva, ou seja, a partir do sentido, que algo se torna compreensível como algo.

Gadamer (1997, p. 566), de igual modo, vai asseverar que "na ressurreição do sentido do texto já se encontram sempre implicadas as ideias próprias do intérprete," o que significa dizer que o intérprete, partindo de seus preconceitos (pré-juízos) – que são preconceitos linguísticos –, não vai em busca de um sentido a ser descoberto no texto, mas o constrói no processo hermenêutico de compreensão, interpretação e aplicação.

O sentido, enquanto constructo linguístico inerente ao labor hermenêutico, decorre da perspectiva a partir da qual o projetar da compreensão se realiza na interpretação e na aplicação de um texto. Daí por que a filosofia hermenêutica contemporânea é construtiva/produtiva, e não reprodutiva. É pela mesma razão que, para Heidegger (2006, p. 213, § 32), o "sentido é um existencial da presença e não uma propriedade colada sobre o ente, que se acha por 'detrás' dele ou que paira não se sabe onde, numa espécie de 'reino intermediário'".

Essas elucidações evidenciam, *per se*, algumas impropriedades e anacronismos ainda em voga no direito positivo nacional, influenciando a formação de um senso comum jurídico pautado pelo horizonte da filosofia da consciência, em que têm guarida as chamadas técnicas hermenêuticas e a famigerada interpretação literal.

Veja-se, por exemplo, os Capítulos III e IV contidos na Seção II do Título I, Livro Segundo do Código Tributário Nacional (Lei 5.172/1966). Num primeiro momento, o *códex* dedicou o Capítulo III à aplicação da legislação tributária e o Capítulo IV à interpretação da legislação tributária, concebendo aplicação e interpretação como coisas distintas, que supostamente ocorrem de modo apartado. Em seguida, no Capítulo IV, art. 108, prescreve o legislador nacional um rol de técnicas interpretativas a serem observadas pelo exegeta da norma tributária, como se interpretar consistisse simplesmente no emprego de técnicas ou regras postas à disposição ou prescritas ao hermeneuta. Por fim, esse mesmo capítulo, em seu art. 111, trouxe hipóteses em que a interpretação literal deve ser observada pelo exegeta, numa clara pressuposição ingênua, para dizer o mínimo, de que texto e norma (sentido) são a mesma coisa.

Se a materialização do processo hermenêutico (compreensão, interpretação e aplicação) se revela no sentido e se o sentido é algo produtivo/construtivo, e não reprodutivo, é forçoso concluir que sentido não se confunde com texto (plano textual) e tampouco encontra-se por trás dele, como se estivesse escondido ou pairando sobre ele à guisa de um terceiro reino, conforme disse Heidegger (2006). O intérprete constrói o sentido de um texto a partir de seus preconceitos, que, repita-se, são preconceitos linguísticos.

Deixar-se levar por essa confusão entre sentido e texto seria, no limite, cair na ingenuidade da interpretação literal, contra a qual se posicionou veementemente John Searle (1995, p 183), dizendo que "a noção de significado literal de uma sentença só tem aplicação relativamente a um conjunto de suposições de base ou contextuais". Não por outra razão, Paulo de Barros Carvalho (2013, p. 485) assevera que "o desprestígio da chamada interpretação literal é algo que dispensa meditações mais profundas", sendo inconcebível até mesmo enquanto técnica interpretativa dentro da hermenêutica dogmática tradicional, quanto mais numa hermenêutica jurídica ancorada no horizonte da filosofia da linguagem e na filosofia hermenêutica contemporânea.

Entretanto, essa relação entre sentido e texto é tênue, pois o texto não subsiste sem um sentido, ou seja, não há um texto disposto, isoladamente, e desprovido de sentido, pois é o sentido que confere existência ao texto, mas, ao mesmo tempo, o sentido já é o resultado do processo hermenêutico do texto. Em suma, não há texto sem compreensão, interpretação e aplicação, de modo que aquilo que chamamos texto já é fruto de nossa exegese. Texto só o é enquanto tal quando no plano comunicacional. Conforme Gadamer (1997, p. 565), trata-se "de 'manifestações vitais fixadas duradouramente', que devem ser entendidas, o que significa que um parceiro da conversação hermenêutica, o texto, só pode chegar a falar através do outro, o intérprete. Somente por ele se reconvertem os signos escritos de novo em sentido".

Ao ensejo, lembremos que Gadamer (1997) vai falar na fusão de horizontes que ocorre quando o texto é trazido para o interior do horizonte do intérprete, numa dada situação hermenêutica constituída pelo seu horizonte cultural. Assim, o sentido de um texto resulta da fusão de horizontes, em que o hermeneuta mobiliza, criticamente, todos os seus preconceitos, os quais foram e continuam em constante processo de construção/desconstrução a partir do diálogo com a tradição (daí falar-se em ampliação, manutenção ou redução de horizontes), trazendo o horizonte textual para dentro desse contexto e, com isso, empreendendo uma conversação hermenêutica.

Eis a aplicação como um elemento do processo hermenêutico, em que, conforme disse Gadamer (1997), o texto é trazido para a situação hermenêutica concreta do intérprete, com todos os seus valores forjados no processo de aculturação, que se dá na e pela linguagem. Ou seja, na facticidade hermenêutica, enquanto uma condição existencial, o intérprete está obrigado a relacionar o texto com sua situação concreta, se é que deseja entender algo nele (GADAMER, 1997).

Cabe reiterar que não se trata de um processo arbitrário e subjetivo, tal como ocorre com as metodologias hermenêuticas pautadas pelo horizonte da filosofia da consciência, operada por meio do esquema sujeito-objeto. Por isso que, para Gadamer, o correto domínio da língua é condição prévia, mas não é o problema hermenêutico central, dado que este reside no "correto acordo sobre um assunto, que ocorre no *médium* da linguagem" (GADAMER, 1997, p. 561). Hermenêutica é, portanto, conversação, mas no sentido de exercício dialógico, e não simplesmente intelectivo. No caso de textos, observa Gadamer (1997, p. 565) que "tal como nas conversações reais, é o assunto comum que une as partes entre si, nesse caso o texto e o intérprete".

Tendo a hermenêutica filosófica gadameriana como fundamento para um adequado acesso hermenêutico ao fenômeno jurídico, pode-se dizer, de igual modo, que a materialização do processo de compreensão, interpretação e aplicação dos textos do direito positivo consiste na construção do sentido por meio da conversação hermenêutica. Decorre disso que também no caso da hermenêutica jurídica o sentido não se confunde com o texto do direito positivo, tampouco nele se esconde ou sobre ele paira à guisa de um reino intermediário.

Na mesma senda, o que não poderia ser diferente, o texto do direito positivo também não subsiste sem um sentido, ou seja, não há um texto de direito positivo disposto, isoladamente, à espera de um sentido, pois é o sentido que confere existência ao texto; mas, ao mesmo tempo, o sentido já é o resultado do processo hermenêutico-jurídico, o que significa dizer que o sentido já está dado pelos preconceitos ou pré-juízos do intérprete.

Ora, isso implica dizer, por exemplo, que uma Ordem Constitucional ou um Estado Democrático de Direito não é outra coisa senão o conjunto de interpretações construídas do conjunto de conversações hermenêuticas, envolvendo um parceiro dialógico a que damos o nome de Constituição. Como corolário, a vida institucional de um país, organizada sob o manto de um texto constitucional, apresenta-se enquanto realidade somente a partir das interpretações que vão sendo realizadas (decantadas) sobre esse suporte físico fundante, de sorte que sem interpretação não há realidade institucional.

Paulo de Barros Carvalho (2013, p. 187) afirma que "conhecer o direito é, em última análise, compreendê-lo, interpretá-lo, construindo o conteúdo, o sentido e o alcance da comunicação legislada", que nada mais são do que as normas jurídicas. Conforme vimos, o autor, com todo seu pendor hermenêutico-analítico, evidencia a trajetória interpretativa de um texto jurídico por meio do que chamou de *percurso gerativo de sentido*, advertindo que

> não é correta a proposição segundo a qual, dos enunciados prescritivos do direito posto, extraímos o conteúdo, o sentido e o alcance dos comandos jurídicos. Impossível seria retirar conteúdos de significação de entidades meramente físicas. De tais enunciados partimos, isto sim, para a construção das significações, dos sentidos, no processo conhecido como "interpretação" (CARVALHO, 2013, p. 191).

No mesmo sentido, comunga dessa perspectiva Streck (2021, p. 312), para quem "a norma será sempre o resultado da interpretação do texto. [...] O texto só ex-surge na 'normação' [...]". No mesmo sentido segue Eros Roberto Grau (2005, III), afirmando que "texto e norma não se identificam", de modo que "a norma é a interpretação do texto normativo". A norma jurídica aparece, portanto, como o sentido construído pelo hermeneuta ao interpretar os textos jurídicos. Sentido e texto não se confundem, o que, tratando-se de hermenêutica jurídica, significa dizer que norma jurídica e texto jurídico não se confundem.

Também aqui, de acordo com Aurora Tomazini de Carvalho (2009), não se trata de situar as normas jurídicas no plano da subjetividade, tal como ocorre com as propostas hermenêuticas ancoradas na filosofia da consciência; mas, sim, que "as significações construídas no processo interpretativo encontram-se condicionadas aos pré-conceitos do intérprete" (CARVALHO, 2009, p. 265). Reitera a mesma autora que as normas jurídicas, enquanto sentidos construídos pelo intérprete a partir dos textos jurídicos, "não são obras da sua subjetividade isolada, separada da história, mas só aplicáveis a partir de uma tradição, que codetermina sua existência no mundo" (CARVALHO, 2009, p. 265).

À guisa de síntese, a hermenêutica jurídica implica: (a) compreensão do direito, que se dá em forma de projeto (caráter arremessado), em que, a partir dos preconceitos que formam nosso horizonte cultural, já colocamos previamente nos textos jurídicos aquilo que neles vamos procurar; (b) interpretação do direito, que consiste na realização desse caráter projetado da compreensão; e (c) aplicação, que consiste em trazer o horizonte do texto para dentro do horizonte cultural do intérprete, promovendo aquilo que Gadamer (1997) chamou de fusão de horizontes, realizada por meio de uma conversação hermenêutica.

Desta feita, a aplicação de um texto jurídico não significa que ele já tenha sido interpretado previamente. Pelo contrário, compreensão, interpretação e aplicação são processos indissociáveis, de modo que aplicação, assim como interpretação, integra a própria compreensão. Valendo-nos de citação antes feita, "toda compreensão interpretativa requer aplicação para projetar o significado do texto. A aplicação é 'uma parte tão integral do processo hermenêutico quanto a compreensão e interpretação" (SCHMIDT, 2014, p. 156). Trata-se, ao fim e ao cabo, do inapelável círculo hermenêutico, cujo axioma, se quisermos fixar um e somente um, é de que "interpretamos desde o início".

A percepção de que texto e sentido não se confundem e de que, no caso de direito, o sentido produzido/construído pelo intérprete são as normas jurídicas, cria as condições para que seja possível investigar, minudentemente e com viés linguístico mais analítico, o processo de compreensão, interpretação e aplicação do direito positivo, o que é feito na próxima seção.

4.2.2 Compreensão, interpretação e aplicação do Direito

O círculo hermenêutico em Heidegger e Gadamer consiste justamente na circunstância de que toda e qualquer interpretação já parte das estruturas prévias da compreensão. Heidegger, observa Gadamer (1997, p. 439), "descreve esse círculo de uma forma tal que a compreensão do texto se encontre determinada, continuamente, pelo movimento de concepção prévia da pré-compreensão". Em Heidegger, essa estrutura prévia é formada pela posição prévia, visão prévia e concepção prévia. Em Gadamer, essa estrutura prévia é formada pelos nossos preconceitos que forjam nosso horizonte cultural. A convergência entre Heidegger e Gadamer está na descrição fenomenológica da facticidade hermenêutica, pois em ambos o suposto "ler" o que "está" no texto já é resultado da pré-estrutura da compreensão.

O círculo hermenêutico, nesses termos, não é formal, pois não significa ir das partes ao todo do texto e vice-versa, mas sim ontológico, significando uma condição existencial do exegeta, que não pode se lançar na aventura hermenêutica sem sua estrutura prévia compreensiva. Ponto esse corroborado pelo próprio Gadamer (1997, p. 439), para quem "o círculo, portanto, não é de natureza formal. Não é nem objetivo nem subjetivo, descreve, porém, a compreensão como a interpretação do movimento da tradição e do movimento do intérprete". Não há, nessa perspectiva, interpretação *ex nihilo*, em que um sujeito dotado de razão pura extrai ou constrói (do nada) um sentido a partir de um objeto (texto), mas sim um ser-aí no mundo que já compreende desde o início.

Dada a inevitabilidade do círculo hermenêutico, a tarefa primordial do intérprete consiste em exercitar juízo crítico sobre seus próprios preconceitos. Ao trazer o horizonte do texto para o interior de seu horizonte cultural, empreendendo a fusão de horizontes por meio da conversação hermenêutica de que tanto falou Gadamer (1997), é necessário que o intérprete se proteja contra as arbitrariedades decorrentes de "felizes ideias", "conceitos populares" ou "hábitos imperceptíveis do pensar", evitando erro de perspectiva hermenêutica. Conforme afirmou Gadamer,

> a compreensão somente alcança sua verdadeira possibilidade, quando as opiniões prévias, com as quais ela inicia, não são arbitrárias. Por isso faz sentido que o intérprete não se dirija aos textos diretamente, a partir da opinião prévia que lhe subjaz, mas que examine tais opiniões quanto à sua legitimação, isto é, quanto à sua origem e validez (GADAMER, 1997, p. 403).

Vimos que o caráter arremessado ou projetado da compreensão significa que o ponto de partida inicial reside nos preconceitos herdados da tradição, de modo que a compreensão resulta de uma participação num evento da tradição, num processo de mediação linguística entre passado e presente. Assim, "a temporalidade da compreensão descoberta nas estruturas prévias da compreensão implica que todos os nossos preconceitos vieram do passado. Estamos sempre dentro de uma tradição (ou tradições)" (SCHMIDT, 2014, p. 149).

Entretanto, os preconceitos que sustentam a compreensão podem ser legítimos ou ilegítimos, o que requer por parte do intérprete constante revisão crítica e suspensão de alguns preconceitos na medida em que se aprofunda na produção/construção do sentido de um texto, evitando, com isso, erros de perspectiva decorrentes de preconceitos herdados acriticamente. Conforme destaca Schmidt, na filosofia hermenêutica contemporânea proposta por Gadamer, "a tarefa da compreensão hermenêutica é diferenciar os preconceitos legítimos de todos os ilegítimos que precisam ser criticados e abandonados" (SCHMIDT, 2014, p. 149).

Daí por que na compreensão o fundamental é a elaboração correta de projeto adequado à coisa, devendo o intérprete revisar esse projeto à medida que penetra na construção do sentido, evitando erros de perspectiva hermenêutica. A esse respeito, observa Gadamer (1997, p. 402) que "a compreensão do que está posto no texto consiste precisamente na elaboração desse projeto prévio, que, obviamente, tem que ir sendo constantemente revisado com base no que se dá conforme se avança na penetração do sentido". Isso porque "aquele que quer compreender não pode se entregar, já desde o início, à casualidade de suas próprias opiniões prévias e ignorar o mais obstinada e consequentemente possível a opinião do texto" (GADAMER, 1997, p. 405).

Nesse sentido, o intérprete deve estar atento aos próprios preconceitos, pois, conforme demonstramos quando abordamos algumas questões envolvendo os preconceitos "esfera pública" e "esfera privada", a fossilização de alguns preconceitos dentro de determinada língua é algo natural, assim como o nascimento de novos preconceitos nessa mesma língua também é algo natural. Por muito maior razão, isso se tornou evidente após a revolução tecnológica no plano comunicacional, em que as trocas excessivas de informações derivadas das interações dialógicas têm acelerado, vertiginosamente, o aspecto diacrônico da linguagem.

Um erro de perspectiva muito comum na elaboração do projeto compreensivo de um texto jurídico decorre do hábito imperceptível de pensar que esse texto (ainda que, como todo e qualquer texto, deva sempre ser interpretado) se assemelha, por exemplo, a um texto histórico, literário ou bíblico. Conforme destacou Gregorio Robles (2011), o traço distintivo e essencial de um texto jurídico é seu caráter ôntico-prático, cuja pretensão é exclusivamente prescritiva de condutas intersubjetivas. Para esse autor, "o âmbito ôntico-prático é o ente criado por convenção com o objetivo de tornar possível e de regular a ação humana" (ROBLES, 2011, p. 90).

Ou seja, o sentido (norma jurídica) construído com base em um texto de direito positivo destina-se, especificamente, a prescrever condutas humanas e, com isso, induzir determinados comportamentos intersubjetivos, de sorte que a razão de ser de um texto jurídico é finalística, resultando, a partir do labor hermenêutico, em normas que irão regular condutas intersubjetivas. Por isso vai dizer, acertadamente, Gregorio Robles (2005) que não é correto pressupor, por exemplo, definições normativas construídas com base em textos jurídicos, pois sua função é prescritiva, e não descritiva.

Exemplo clássico é o art. 3º do Código Tributário Nacional. É muito comum leituras desse dispositivo induzirem intérpretes a construir uma definição normativa do que seja tributo. Trata-se, sob esse aspecto, de erro de perspectiva decorrente de preconceitos ilegítimos, pois, em razão do caráter exclusivamente prescritivo de condutas intersubjetivas, não se pode construir sentido a partir da exegese de um texto jurídico cujo resultado seja uma definição, pela simples razão de que a definição consiste numa asserção com pretensões de verdade em relação ao mundo, o que não é o caso do direito. Na esteira de Gregorio Robles,

> [...] quem afirma que no texto jurídico existem narrações, descrições e definições comete o mesmo erro de perspectiva que aqueles que acreditam que Dom Quixote e Sancho são personagens históricos. Para entender um elemento concreto de um texto não se pode perder de vista a função pragmática do conjunto. O "castigo" pelo erro de perspectiva é, simplesmente, não entender nada (ROBLES, 2005, p. 32).

Essa linha de corte é fundamental e é ponto de partida para a hermenêutica jurídica contemporânea. O texto de direito positivo não se confunde com o sentido, que é produzido/construído no processo hermenêutico. Entretanto, o sentido construído no âmbito de uma hermenêutica jurídica será sempre uma linguagem com função prescritiva, sob a forma de comandos com vistas à regulação de condutas intersubjetivas. Essa linguagem prescritiva é característica essencial da norma jurídica.

Eis aqui, portanto, a derivação da distinção entre texto de direito positivo e norma jurídica: a norma jurídica é o sentido construído pelo hermeneuta[68] como resultado do processo de compreensão, interpretação e aplicação do direito, que se manifesta em linguagem prescritiva. A norma jurídica decorre da fusão de horizontes de que tanto falou Gadamer (1997).

Uma vez que as normas jurídicas resultam do processo de compreensão, interpretação e aplicação dos textos do direito positivo, é forçoso dizer que sem interpretação não há sistema normativo, dado que, segundo observa Eros Grau (2005), o direito enquanto um conjunto de normas (sistema normativo) é o resultado de um conjunto de interpretações.

Nesse ponto, assume importância capital a percepção consciente do horizonte filosófico no interior do qual se desenrola essa discussão. Conforme foi demonstrado até aqui, todo o desenvolvimento da filosofia hermenêutica contemporânea (com Gadamer, sobretudo) só foi possível após a revolução empreendida pela filosofia da linguagem ou giro linguístico (*linguistic turn*). O acesso ao direito a partir desse horizonte filosófico-hermenêutico expõe, em carne e osso (para falar como Husserl), o jogo de linguagem do direito, possibilitando sua compreensão sob o viés sintático, semântico e pragmático.

4.2.3 Perspectiva analítico-hermenêutica do Direito

Quando se afirma que o sentido é uma construção hermenêutica decorrente do diálogo entre intérprete e um texto

68. Por hermeneuta, importa relembrar, não se refere ao homem racional enquanto sujeito transcendental, mas, sim, enquanto um ser-aí no mundo (*Dasein*), cuja existencialidade se dá na e pela linguagem, a partir da relação sujeito-sujeito.

jurídico e que essa construção resulta em normas, ou que a norma jurídica é o resultado da interpretação de um texto de direito positivo, associada à percepção de que uma norma jurídica deve, necessariamente, se manifestar em linguagem prescritiva, entra em cena a linguagem perscrutada em seu viés analítico. É o ponto em que as questões de ordem sintática e semântica se complementam com a pragmática.

E aqui é necessário lançar luz sobre o ponto em que o processo hermenêutico atribui sentido a um texto, de modo a apontar em que medida o sentido não se confunde com o texto, por mais que o texto não possa subsistir sem o sentido (sem compreensão, interpretação e aplicação). Importa, aqui, trazer à baila aquilo que Silvia Regina Zomer e Luiz Claudio Nogueira de Souza (2022) chamaram de entidades linguísticas fundamentais à tecitura do processo comunicacional, quais sejam: *sentença*, *enunciado* e *proposição*.

4.2.3.1 Sentença, enunciado e proposição

Os autores empreendem uma análise da linguagem a partir desses entes linguísticos, tendo em vista a importância que representam para a dinâmica da linguagem no contexto de cada jogo linguístico e, sobretudo, para o processo hermenêutico. Ou seja, não é por meio dos nomes e do ato de nomear que se desenrola o processo comunicacional intersubjetivo, de modo que um nome só adquire conteúdo significativo (sentido) quando inserto dentro de um contexto linguístico ou de um determinado jogo de linguagem. Dito de outro modo, a conversação hermenêutica que se passa entre intérprete e texto, por meio da qual ocorre a fusão de horizontes e a construção de sentido, não se estabelece a partir de nomes, simplesmente, mas, sim, de entidades linguísticas mais complexas.

Veja-se, por exemplo, a interpretação conferida pelo Supremo Tribunal Federal ao art. 155, § 2º, III, da CRFB, cujo plano textual enuncia que o imposto sobre operações com mercadorias e prestação de serviços de transporte (interestadual e intermunicipal) e de comunicação "*poderá* ser seletivo, em função da essencialidade das mercadorias e dos serviços" (grifos nossos). Ao empreender o processo de compreensão, interpretação e aplicação desse texto constitucional, quando do julgamento do Recurso Extraordinário 714.139/SC, o colegiado da Suprema Corte construiu o sentido ou a norma jurídica em que o "poderá" constante do texto constitucional foi interpretado não isoladamente, mas, sim, levando-se em consideração as entidades linguísticas mais complexas do texto constitucional. Em decorrência, o sentido ou a norma jurídica construída, que consta da tese firmada no Tema 745,[69] não se confunde com o plano textual, demonstrando toda a complexidade do processo de compreensão, interpretação e aplicação dos textos jurídicos.

Zomer e Souza (2022) vão dizer, portanto, que todo e qualquer contexto linguístico comunicacional, no qual se desenrola determinado jogo de linguagem, tem como entidades linguísticas basilares as sentenças, os enunciados e as proposições, e não os nomes dispostos isoladamente.

Com fulcro nas lições de Susan Haack (2002) e Luiz Henrique de Araújo Dutra (2010), esclarecem os autores que a sentença consiste na cadeia gramaticalmente bem formada, composta por uma sequência de símbolos linguísticos dispostos segundo as regras da língua natural a que pertencem. Sob esse aspecto, as sequências de símbolos "feche a porta" e "a neve é branca" seriam sentenças, enquanto as sequências "sentado ao" e "é cor-de-rosa" não seriam. O aspecto sintático é preponderante quando se trata de sentenças.

---

69. "Adotada, pelo legislador estadual, a técnica da seletividade em relação ao Imposto sobre Circulação de Mercadorias e Serviços – ICMS, discrepam do figurino constitucional alíquotas sobre as operações de energia elétrica e serviços de telecomunicação em patamar superior ao das operações em geral, considerada a essencialidade dos bens e serviços" (RE 714139 – Processo Eletrônico j. 30.05.2022, UF-SC, Turma-TP, Min.Dias Toffoli, *DJe*-115 divulg. 13.06.2022, publ. 14.06.2022, p. 19).

Nota-se, assim, que o plano textual – ou o plano de expressão, como prefere chamar Paulo de Barros Carvalho (2015) – tem como unidade linguística elementar as sentenças, que, reunidas, vão compor frases, períodos, parágrafos e, por fim, textos completos. Na esteira de Paulo de Barros Carvalho (2015, p. 112), uma sentença ou enunciado sentencial, "emitido em determinado idioma, há de seguir as regras de formação e de transformação, preceitos morfológicos e sintáticos ditados pela gramática da língua, que estarão presentes em todos os instantes do seu desenvolvimento". Pode-se dizer, com base nos achados de Zomer e Souza (2022), que os textos nada mais são do que sentenças reunidas em frases e parágrafos, insertos num contexto comunicacional. Eis o plano textual, parceiro da conversação hermenêutica que só pode falar através de seu intérprete.[70]

Agora, as sentenças não aparecem do nada, a exemplo de um *deus ex machina*. Elas são fruto de um processo de enunciação, de modo que toda vez que alguém escreve ou fala uma sentença, profere um enunciado ou pretende enunciar algo. Por isso, destacam Zomer e Souza (2022, p. 186) que o enunciado[71] é aquilo que é dito quando se escreve ou profere uma sentença, ou seja, o "enunciado seria o evento comunicacional decorrente da comunicação ou enunciação, escrita ou falada (sentença)".

A partir desse ponto torna-se possível falar em compreensão, interpretação e aplicação enquanto processos

70. Importa lembrar que interpretações orientadas por uma semântica formal, dentro da qual se insere a interpretação literal, adotam como referência o plano textual (código), composto pelas sentenças. Daqui decorrem as expressões: "vontade da lei", "a lei diz assim" etc. Esse tipo de hermenêutica ancora-se, conforme vimos, no horizonte da filosofia da consciência, em que o suposto objetivismo pressupõe uma separação entre sujeito e objeto.

71. Interpretações orientadas por uma semântica intencional adotam como referência a enunciação (emissor), focando no enunciado. Daqui decorrem as expressões: "vontade do legislador", "o legislador quis dizer assim", etc. Esse tipo de hermenêutica também se ancora no horizonte da filosofia da consciência, em que o suposto subjetivismo pressupõe um sujeito transcendental.

indissociáveis e inerentes à facticidade hermenêutica do intérprete. Ou seja, para que haja uma conversação hermenêutica entre intérprete e texto é necessário, por evidente, que alguém tenha enunciado algo por meio de sentenças, em observância às regras gramaticais de determinada língua/idioma. Assim, tendo sido enunciado algo por meio de uma sentença (e aqui nos detemos às sentenças escritas, as quais compõem os textos escritos), o intérprete está em condições de mobilizar, criticamente, todos os preconceitos que delimitam seu horizonte cultural para a construção de sentido por meio do processo de compreensão, interpretação e aplicação. Dito de outro modo, uma vez colocada no mundo por meio de enunciação, as sentenças carecem de interpretação para subsistirem enquanto linguagem. Conforme foi sustentado linhas acima, texto e sentido são duas coisas diferentes, mas somente à medida que o texto não subsiste sem o sentido.

Nesse nível analítico da linguagem, a unidade elementar do processo hermenêutico textual são as proposições. A proposição é justamente o sentido construído e atribuído à sentença, de sorte que duas ou mais sentenças podem resultar numa única proposição e, com isso, numa única unidade de sentido. O contrário também é possível. As proposições não se confundem com as sentenças. Estas representam o plano textual, enquanto aquelas consistem nos sentidos conferidos ao plano textual, composto por sentenças.

Conforme Paulo de Barros Carvalho (2015, p. 116), com as proposições ingressa-se no plano do conteúdo, uma vez que elas consistem na "substância significativa que se pode adjudicar à base material que lhe dá sustentação física". Por sua vez, Zomer e Souza (2022, p. 186, grifos dos autores) destacam que "*proposição* [...] consiste, segundo Susan Haack, naquilo que é comum a duas *sentenças* sinônimas, ou seja, duas sentenças com o mesmo significado vão expressar a mesma proposição". Ou seja, as proposições são o resultado do processo hermenêutico (compreensão, interpretação e aplicação) de uma ou mais sentenças.

Um clássico exemplo dado por Gottlob Frege (1848-1925) é bastante elucidativo da questão ora problematizada. "Estrela da manhã" e "estrela da tarde" são duas composições linguísticas, gramaticalmente bem formadas de acordo com as regras da língua portuguesa, consistindo, portanto, em duas sentenças. Ambas podem resultar em interpretações (proposições) distintas, a depender do horizonte cultural do intérprete e do grau de criticidade em relação à (i)legitimidade de seus preconceitos.

Por exemplo, um intérprete, cuja formação linguístico-cultural não seja muito versada no jogo de linguagem da astronomia, pode, no processo de compreensão, interpretação e aplicação de ambas as sentenças, construir o sentido de que a sentença "estrela da manhã" está relacionada (leia-se: refere-se, pois se trata de sentença declarativa) ao planeta Vênus, sendo esse seu sentido, enquanto "estrela da tarde" relaciona-se a um outro astro qualquer. Ou seja, ao trazer essas sentenças para o interior de seu horizonte cultural, composto pelo conjunto de seus preconceitos herdados da tradição, este intérprete construiu duas proposições (unidades de sentido) distintas.

Um segundo intérprete, com formação linguístico-cultural basicamente igual ao primeiro, pode compreender, interpretar e aplicar a sentença "estrela da tarde" como relacionada ao planeta Vênus, sendo esse seu sentido, enquanto "estrela da manhã" relaciona-se a um outro astro qualquer. Também nesse caso, ao trazer essas sentenças para o interior de seu horizonte cultural, composto pelo conjunto de seus preconceitos herdados da tradição, este intérprete construiu duas proposições (unidades de sentido) distintas.

Por fim, um terceiro intérprete, cuja formação linguístico-cultural seja mais versada no jogo de linguagem da astronomia, pode compreender, interpretar e aplicar ambas as sentenças – "estrela da manhã" e "estrela da tarde" – como relacionadas (referindo-se) ao mesmo astro, que é o planeta Vênus. Ao trazer ambas as sentenças para seu horizonte cultural e empreender uma conversação hermenêutica, este intérprete construiu uma única proposição (única unidade de sentido).

Em resumo, nos dois primeiros casos temos duas sentenças (texto), que, após o labor hermenêutico, resultaram em duas proposições (sentidos) diferentes. E mais, o resultado da exegese do primeiro intérprete difere substancialmente da exegese do segundo. No terceiro caso, temos duas sentenças (plano textual), que, após o labor hermenêutico, resultaram em uma única proposição (única unidade de sentido), de sorte que para esse intérprete "estrela da manhã = estrela da tarde". Veja que a construção de sentido de cada intérprete decorre de seu horizonte cultural, composto por seus preconceitos que, por sua vez, são forjados no diálogo com a tradição. Daí a importância da autoridade da tradição e do senso crítico do intérprete na composição de seu horizonte cultural, devendo adotar postura crítica em relação a seus preconceitos caso queira realizar uma interpretação atilada.

Uma condição básica, por evidente, é de que a sentença seja enunciada na mesma língua de seus intérpretes ou em linguagem que estes dominam. Ambos, autor da sentença e intérprete, participam, de certo modo, de uma tradição linguística comum, o que possibilita uma conversação hermenêutica entre texto e intérprete. Entretanto, e conforme o exemplo acima, mais do que domínio da língua, é necessário, também, que a comunidade de intérpretes compartilhe do mesmo jogo de linguagem e exerça juízo crítico de seus preconceitos, o que ocorre quando estão inseridos no mesmo contexto histórico-cultural, submetidos ao mesmo processo de aculturação. Por essa razão que, para Gadamer

(1997, p. 561), o correto domínio da língua é condição prévia, mão não é o problema hermenêutico central, dado que este reside no "correto acordo sobre um assunto, que ocorre no *médium* da linguagem".

Sentenças, enunciados e proposições são, desse modo, entidades linguísticas inerentes à hermenêutica de todo e qualquer texto, seja ele jurídico, teológico, científico etc. As sentenças são as unidades textuais mínimas, que, juntas, vão compor frases, parágrafos e textos completos. As sentenças vêm ao mundo por meio da enunciação de seu autor, de modo que toda vez que alguém escreve ou profere uma sentença, o faz a fim de enunciar algo. As proposições, por sua vez, são as unidades mínimas de sentido resultantes do processo hermenêutico. As proposições são construídas pelo intérprete, ou seja, as proposições são os sentidos que os intérpretes constroem a partir das sentenças, considerando-se seu horizonte cultural.

Uma proposição (sentido) construída com base em uma sentença declarativa, e dentro do contexto de um jogo de linguagem de mesma natureza, também terá um sentido declarativo, cuja função é descrever um estado de coisas. Entretanto, e conforme muito bem elucidou Paulo de Barros Carvalho (2013, p. 42), "o étimo proposição, contudo, serve para denominar qualquer espécie de juízo, seja ele declarativo, interrogativo, imperativo ou exclamativo". Assim, uma proposição (sentido) construída a partir de uma sentença constante de um texto jurídico, e dentro do contexto de um jogo de linguagem de mesma natureza, terá, necessariamente, função prescritiva.

Decorre disso a constatação de que um acesso ao direito a partir da chave analítico- hermenêutica, cujo lastro encontra-se na filosofia hermenêutica contemporânea e na filosofia da linguagem, conduz ao entendimento de que texto e norma não se confundem, sendo o texto composto por entidades linguísticas mínimas, que são as sentenças, e as normas compostas por unidades de sentido mínimo, que são as proposições prescritivas construídas pelo intérprete. Conforme descrevem Zomer e Souza,

> As sentenças seriam, no âmbito do direito positivo, as composições bem formadas gramaticalmente e constate dos textos escritos (leis, decretos, portarias etc.). Os enunciados seriam aquilo que foi proferido (o evento comunicacional) ao se escrever ou positivar tais textos normativos. Por sua vez, a proposição jurídica seria o sentido construído pelo intérprete a partir das sentenças (texto do direito positivo), a fim de externar o conteúdo prescritivo inerente à linguagem do direito. *As proposições jurídicas expressam o conteúdo prescritivo da linguagem normativa, conteúdo esse que o intérprete confere à sentença escrita, ainda que ela esteja na forma declarativa* (ZOMER; SOUZA, 2022, p. 187, grifos nossos).

As proposições jurídicas são unidades mínimas de sentido construídas/produzidas pelo intérprete, cuja função é prescrever como devemos nos comportar diante de cada situação específica e em face de outra(s) pessoa(s). A proposição resultante da hermenêutica de um texto jurídico difere, sob esse aspecto, de uma proposição resultante da hermenêutica de outros tipos de textos, como os históricos, bíblicos, técnicos ou científicos.

Uma distinção fundamental foi apontada por R. M. Hare, em seu livro *A linguagem da moral*. Segundo Hare (1996, p. 22), podemos apontar "a diferença entre afirmações e comandos dizendo que, embora o assentimento sincero ao primeiro envolva *acreditar* em algo, o assentimento sincero ao segundo implica [...] *fazer* algo". Para esse autor, portanto, quando alguém dá seu assentimento a uma proposição descritiva sobre algo, ele manifesta sua crença (crê) de que aquela proposição é verdadeira. Por outro lado, quando alguém dá seu assentimento a uma proposição prescritiva (comando), com isso ele não está manifestando crença na sua verdade, mas sim que pretende executar uma ação (conduta), de acordo com o que se comanda.

Essa distinção revela a (*de*)ontologia das normas (proposições) jurídicas, circunscrevendo-as no plano do *dever-ser* (dado que as ações ou condutas humanas intersubjetivas transcorrem dentro do espaço da possibilidade), ao tempo em que demarca os limites preconceituais para a hermenêutica jurídica. As prescrições dessas condutas podem se dar de três, e somente três, modos (ou modais), quais sejam: obrigatório (O), permitido (P), ou proibido (V). Ou seja, não há outra possibilidade (*de*)ontológica para a prescrição jurídica de condutas que não seja obrigando-as, proibindo-as ou permitindo-as.

Vislumbra-se, aqui, em razão disso, mais um erro de perspectiva a ser evitado no processo de compreensão, interpretação e aplicação do direito, não podendo o intérprete se valer de preconceitos (ou pré-juízos) decorrentes, por exemplo, da ontologia inerente às proposições declarativas/constatativas. Sob esse aspecto, se uma proposição jurídica resultante de processo hermenêutico intenta prescrever uma ação/conduta necessária (que necessariamente ocorre), não estará prescrevendo, mas sim descrevendo. Nesse caso, não será uma proposição prescritiva, mas sim uma proposição descritiva, como o são as proposições que descrevem as leis naturais. Por outro lado, se uma proposição prescritiva intenta prescrever uma conduta impossível, também não o fará genuinamente, pois que extrapolou o plano do possível (do *dever-ser*).

É o que nos confirma Lourival Vilanova (2015, XV), para quem "se o dever do normativo não conta com o *poder-ser* da realidade, defrontar-se com o *impossível-de-ser* ou com o que é *necessário-de-ser*, o sistema normativo é supérfluo, ou *meaningless*". No mesmo sentido leciona Paulo de Barros Carvalho, senão vejamos:

> [...] a linguagem prescritiva se projeta sobre a região material da conduta humana. [...] seu vector semântico atinge única e exclusivamente os fatos e as condutas possíveis, caindo fora de seu

> alcance as ocorrências factuais e os comportamentos necessários ou impossíveis. A consideração vale para todos os campos do deôntico, em particular para o do deôntico-jurídico, em que não teria sentido a regra que colhesse a conduta necessária ou impossível, modalizando-a com o "P" (permitido), com o "V" (proibido) ou com o "O" (obrigatório) (CARVALHO, 2013, p. 42).

Tais apontamentos destacam, num nível analítico-hermenêutico, a proposição prescritiva como aquela unidade mínima de sentido, resultante do processo de compreensão, interpretação e aplicação do texto (jurídico). Conforme observaram Zomer e Souza (2022, p. 189), "são as proposições jurídicas que vão, peremptoriamente, revelar a natureza deôntica do direito positivo, a despeito de os enunciados (ou sentenças) contidos nos textos do direito positivo virem expressos por meio de linguagem descritiva ou por meio de comandos".

Resumindo as elucidações feitas até aqui: (a) primeiro, chegou-se à conclusão de que o resultado da interpretação (leia-se: compreensão, interpretação e aplicação) consiste no sentido construído pelo intérprete e que sentido e texto não se confundem; (b) segundo, que o resultado da interpretação do texto do direito positivo é a norma jurídica, não se confundindo, de igual modo, texto e norma; (c) terceiro, que, de uma perspectiva analítico-hermenêutica, o plano textual é composto por sentenças formadas por signos linguísticos e, o que é primordial, bem arranjadas gramaticalmente; (d) quarto, que as proposições são os sentidos construídos pelo intérprete a partir das sentenças; (e) quinto, que as proposições jurídicas são, a bem da verdade, o resultado da interpretação dos textos do direito positivo.

Como conclusão, proposição jurídica e norma jurídica aparecem como a mesma unidade de sentido, resultado do processo de compreensão, interpretação e aplicação do texto jurídico. Conforme destaca Robles (2011, p. 90), "a regra é, pois, o significado de uma expressão linguística. É uma *proposição*. [...] A regra é uma proposição com significado especial. [...] dirigida à ação [...], mas que *seja inserida em um sistema proposicional* expressivo de um âmbito onde a ação pode (tem que) ter lugar".

Nesse passo, recorre-se, aqui, a Norberto Bobbio (2010, p. 15), para quem "a melhor maneira de se aproximar da experiência jurídica e compreender seus traços característicos é considerar o direito como um *conjunto de normas*, ou regras de conduta. [...] *a experiência jurídica é uma experiência normativa*". Na esteira de Eros Grau, pode-se dizer, portanto, que os textos do direito positivo são o sistema normativo em potência, de modo que este (o sistema normativo), "no seu valor histórico-concreto, é *um conjunto de interpretações*, isto é, *conjunto de normas*" (GRAU, 2005, p. 81).

Entretanto, se é correto dizer que, de um modo geral, proposição jurídica e norma jurídica são a mesma coisa, também é correto dizer, por mais que isso pareça, num primeiro momento, contraditório, que uma norma jurídica enquanto unidade de sentido resultante da interpretação do direito e apta a regular condutas intersubjetivas é algo mais do que uma proposição prescritiva. Conforme observa Paulo de Barros Carvalho (2015, p. 110, grifos nossos), nessa acepção mais rigorosa, "[...] *a norma jurídica é um juízo implicacional produzido pelo intérprete em função da experiência no trato com esses suportes materiais* [plano textual]". Na mesma senda seguem Zomer e Souza (2022, p. 189), afirmando que as proposições prescritivas são as unidades de sentido construídas pelo intérprete do direito positivo, "que vão compor o juízo hipotético-condicional de toda e qualquer norma jurídica".

Nesse ponto, portanto, torna-se necessário fazer mais uma distinção fundamental entre norma jurídica em sentido amplo e norma jurídica em sentido estrito, sem perder de vista os laços que unem essas categorias com a unidade linguística "proposição".

4.2.3.2 Proposição e norma jurídica

Do que vimos até aqui, a essa altura parece-nos trivial afirmar que, do ponto de vista analítico-hermenêutico, o que se entende por norma jurídica são as entidades linguísticas dotadas de sentido mínimo construídas pelo intérprete, que são as proposições prescritivas. Mas, cabe, ainda, mais uma elucidação, pois, conforme destaca Paulo de Barros Carvalho (2013), o emprego da expressão "normas jurídicas" para nominar as unidades do sistema normativo, e que resultam do labor hermenêutico, ensejam, em razão de sua ambiguidade, dúvidas semânticas.

Em face disso, esse autor fixou, num esforço de aclaramento, uma distinção bastante coerente, do ponto de vista analítico, entre norma jurídica em sentido amplo e em sentido estrito, observando que

> uma coisa são os *enunciados prescritivos*, isto é, usados na função pragmática de prescrever condutas; outras, as normas jurídicas, como significações construídas a partir dos textos positivados e estruturadas consoante a forma lógica dos juízos condicionais, compostos pela associação de duas ou mais proposições prescritivas (CARVALHO, 2013, p. 129).

Passa-se, assim, ao escrutínio dessa distinção, sem perder de vista a ideia antes estabelecida de que norma jurídica e proposição jurídica, enquanto unidades de sentido resultantes do labor exegético, relacionam-se umbilicalmente.

4.2.3.3 Norma jurídica em sentido amplo

As sentenças, enquanto conjunto de signos linguísticos compostos (bem formados) segundo as regras gramaticais, são as entidades linguísticas basilares do plano textual. É condição *sine qua non* para um texto de direito positivo brasileiro adquirir essa qualidade, assim como sói ocorrer com qualquer outra espécie de texto em língua portuguesa, que este esteja assentado num conjunto de sentenças compostas segundo as regras desse idioma. Como adendo, importa registrar ser preciso, ainda, que um texto jurídico seja enunciado segundo as regras desse jogo de linguagem, ou seja, por uma autoridade competente.

As proposições prescritivas construídas a partir das sentenças do direito positivo são, enquanto unidade mínima de sentido, aquilo que se denomina por norma jurídica em sentido amplo. É o que entende Paulo de Barros Carvalho (2013, p. 185), para quem "no sentido amplo, a cada enunciado corresponderá uma significação, mesmo porque não seria gramaticalmente correto falar-se em enunciado (nem frase) sem o sentido que a ele atribuímos. [...] As normas são da ordem das significações. Em sentido amplo, quaisquer significações".

Nessa mesma toada segue Robson Maia Lins, afirmando

> que o próprio direito positivo se expressa por meio de enunciados (suporte físico), sobre o qual o homem, buscará o seu sentido, na busca da construção da proposição, que por sua vez, significa conteúdo significativo do enunciado, ou seja, a construção mental do sentido do enunciado; em outras palavras, é a proposição que dá forma à norma jurídica (LINS, 2020, p. 183).

Em linguagem mais direta, e adotando o mesmo entendimento antes esposado, Tácio Lacerda Gama vai dizer que aquilo ao qual atribuímos a expressão norma jurídica em sentido amplo "compreende todas as proposições prescritivas que possam ser construídas a partir da leitura dos textos de direito positivo. É a acepção mais ampla de norma jurídica" (GAMA, 2020, p. 27).

Desta feita, as proposições jurídicas, enquanto construções que os intérpretes realizam na conversação hermenêutica com o texto (sentenças), são entes linguísticos do sistema normativo com forma e função prescritiva, também chamados de norma jurídica em sentido amplo. São as unidades prescritivas dotadas de sentido construído pelo intérprete, mas que ainda não preencheram as condições sintática, semântica e pragmática com vistas a regular condutas intersubjetivas, por lhes faltarem a forma sintática de juízo hipotético-condicional.

4.2.3.4 Norma jurídica em sentido estrito

Por mais que o resultado primeiro da hermenêutica jurídica (o sentido) sejam as proposições construídas a partir do plano textual composto por sentenças e por mais que tais proposições sejam, necessariamente, prescritivas, é preciso reconhecer que uma proposição, sozinha, não é capaz de regular, adequadamente, as condutas humanas situadas intersubjetivamente. E aqui torna-se relevante, mais uma vez, o desenvolvimento de uma hermenêutica a partir do horizonte filosófico da linguagem, de sorte que o aspecto analítico da linguagem não seja objeto de obscurantismos.

A esse respeito, será preciso deixar assentado que determinada conduta somente será adequadamente prescrita se for ordenada por, no mínimo, duas proposições. Tudo isso pela simples razão de que, em primeiro lugar, há de haver uma proposição denotando ou conotando fatos ou situações de possível ocorrência, a fim de que, a partir dessa ocorrência, seja, em segundo lugar, construída uma proposição prescritiva prevendo uma conduta de caráter obrigatório, proibido ou permitido.

Dito de outro modo, o intérprete pode, no processo de compreensão, interpretação e aplicação do direito, construir uma proposição jurídica que esteja em relação conotativa ou denotativa com determinados fatos ou condutas. Entretanto, não conseguirá estabelecer um vínculo jurídico relacional intersubjetivo entre dois ou mais sujeitos (relação jurídica) sem uma outra proposição que esteja em relação-de-implicação com a primeira. Na esteira de Lourival Vilanova (2015, p. 70), "o que uma norma de direito positivo enuncia é que, dado um fato, seguir-se-á uma relação jurídica, entre sujeitos de direito, cabendo, a cada um, posição ativa ou passiva". Complementa o mesmo autor que "nessa relação jurídica primária, define-se o conteúdo da conduta, modalizando-a como obrigatória, permitida ou proibida" (VILANOVA, 2015, p. 70).

Atribui-se, assim, a expressão norma jurídica em sentido restrito à unidade mínima de sentido, composta por duas proposições, que, reunidas sob a forma lógico-sintática de um juízo hipotético-condicional, é capaz de regular efetivamente as condutas intersubjetivas. Lançando mão da taxonomia padrão de Vilanova (2010), a norma jurídica em sentido estrito compõe-se de uma proposição na condição de hipótese ou pressuposto, ligada a uma proposição tese ou consequente por meio de uma relação-de-implicação. Entretanto, conforme observa Vilanova (2015, p. 62, grifos do autor), "a hipótese não implica a consequência, seja possivelmente, seja necessariamente. O *modus* que afeta o enunciado jurídico é deôntico: *estatui que deve ser a implicação do consequente pela hipótese*".[72]

É nesse sentido que, segundo Paulo de Barros Carvalho, a norma jurídica, em sua acepção estrita, resulta da combinação de proposições jurídicas "que se articulam na forma lógica dos juízos hipotético-condicionais: Se ocorrer o fato F, instalar-se-á a relação R entre dois ou mais sujeitos de direito (S› e S»)" (CARVALHO, 2013, p. 185).

Robson Maia Lins (2020, p. 175) observa que "norma jurídica, tomada na sua acepção sintática, é uma estrutura bimembre constituída de um antecedente e de um consequente, capaz, minimamente, de regular condutas". Logo

---

72. Essa observação é relevante do ponto de vista analítico-hermenêutico, pois se presta a distinguir, no plano lógico-sintático, uma implicação condicional de uma lei (norma) natural da implicação condicional de uma norma jurídica. Conforme observa Vilanova (2010, p. 76, grifos do autor), "tanto a *lei natural* quanto a *lei jurídica* tomam corpo na forma de proposição implicacional, uma modalizável aleticamente, outra com modo deôntico, no modo indiferenciado do 'dever-ser', ou diferenciando-se em 'obrigatório', 'proibido' e 'permitido', *no interior* das estruturas proposicionais".

em seguida, vai dizer, conclusivamente, que essa estrutura biproposicional (bimembre), organizada sob a forma lógico-sintática de um juízo hipotético condicional, “compõe o que chamamos de norma jurídica em sentido estrito”.

Assim, norma jurídica em sentido estrito diz respeito ao juízo hipotético condicional, composto de uma proposição antecedente (hipótese) e uma proposição consequente (tese), conectadas entre si por um sincategorema implicacional ou condicional, de modo a, com isso, ser capaz de regular condutas intersubjetivas. Apresenta a seguinte forma lógico-sintática D(H→C). Na linguagem de Paulo de Barros Carvalho (2013), trata-se de uma composição mínima de representação do deôntico, sem o qual nenhuma conduta intersubjetiva poderá ser regulada.

Entrementes, se com essa distinção entre norma em sentido amplo e norma em sentido estrito já se disse muita coisa, importa ainda observar que não foi dito tudo. Pela simples razão de que um sistema jurídico normativo, enquanto tal, carece de normas sancionatórias a fim de conferir higidez ao sistema, nas situações em que não for observado o cumprimento das condutas reguladas. Nesses casos, e à medida que as partes não concertarem entre si um consenso hermenêutico com vistas à resolução do conflito, o Estado-Juiz, enquanto detentor do monopólio da força (do aparato coercitivo), é chamado pelo sistema para, na condição de um dos sujeitos da relação jurídica, fazer cumprir a conduta antes prevista e que não foi observada.

Fala-se, assim, em norma jurídica completa (ou no sentido completo), composta de duas partes ou membros: norma primária e norma secundária. Em termos formalizados, tem-se: D{(p→q)v[(p→-q)→S]}. Conforme Paulo de Barros Carvalho (2013), a norma primária (ou endonorma, na terminologia de Carlos Cossio) é aquele juízo hipotético biproposicional (p→q) que prescreve um dever, se e quando acontecer o fato previsto no suposto. A norma secundária (ou perinorma, segundo Cossio), por sua vez, é aquela que prescreve uma providência sancionatória [(p→-q)→S], aplicada pelo Estado-Juiz em face do descumprimento da conduta estatuída na norma primária.[73] A esse respeito, são elucidativas as lições de Lourival Vilanova, asseverando que

> se reduzirmos a linguagem do direito positivo, que é, do ponto de vista sintático e morfológico-gramatical, excessiva e ambígua, à sua estrutura lógica, em que se procura uma relação biunívoca entre símbolos e significados, ou operações, o esquema de uma norma ostenta, como temos acentuado, a forma condicional. Na bimembridade – norma primária e norma secundária – cada membro é uma condicional (VILANOVA, 2015, p. 61).

Numa hermenêutica jurídica analítica, portanto, cujo pano de fundo filosófico assenta-se no giro linguístico (*linguistic turn*), é possível dizer que, no processo de compreensão, interpretação e aplicação do direito positivo, o intérprete constrói unidades de sentidos com base na conversação hermenêutica estabelecida com o plano textual. Essas unidades de sentidos são as proposições jurídicas prescritivas ou normas jurídicas em sentido amplo. Entretanto, para efetivamente regular condutas intersubjetivas, essas unidades de sentido (proposições) são organizadas no processo comunicacional (na conversação hermenêutica) sob a forma sintática de juízos condicionais, situando

---

73. Kelsen, em sua *Teoria pura do direito*, sustenta ser a sanção a essência do Direito, de sorte que a norma sancionatória confunde-se com o próprio direito. Para esse autor, portanto, somente as normas sancionatórias são autônomas e o Direito é visto como uma ordem social de coerção exercitada de um certo modo. Carlos Cossio, contrapondo-se a Kelsen e ancorado em sua perspectiva fenomenológica do Direito, realça o aspecto intersubjetivo da conduta humana, privilegiando a norma primária (na formulação tardia de Kelsen – Teoria Pura) ou endonorma (na linguagem de Cossio), em que os atos lícitos assumem preponderância, colocando-a no mesmo nível ontológico que a norma secundária (na formulação tardia de Kelsen – Teoria Pura) ou perinorma (Cossio), na qual o ilícito ocupa papel central. Ao assim fazê-lo, o Direito, para Cossio, é encarado não da perspectiva do ilícito e da coação, como queria Kelsen, mas da perspectiva na normalidade e do lícito. Como se pode observar, nas filosofias fenomenológicas, também conhecidas como filosofias da vida, a preocupação intelectual com a liberdade humana é central, o que talvez seja a razão pela qual Cossio tenha dado destaque à licitude das ações intersubjetivas e, portanto, à endonorma (norma primária, não sancionatória).

proposições na condição de antecedentes e na condição de consequentes, de sorte a comunicar algo dotado de sentido dentro do jogo de linguagem do direito.

Conforme Robles (2011), essa regra ou norma não terá esse sentido prescritivo com força reguladora de condutas intersubjetivas se estiver desvinculada de um sistema linguístico de caráter ôntico-prático, de sorte a lhe conferir o caráter de sistema. Daí por que, concluindo com Eros Grau (2005), não se pode interpretar o direito em tiras, querendo dizer com isso que as construções mínimas de sentido, que são as proposições (normas jurídicas em sentido amplo), são concertadas pelo hermeneuta na forma de norma jurídica em sentido estrito que, por sua vez, serão postas em diálogo com todas as demais unidades de sentido (normas) atribuídas ao ordenamento (conjunto de textos jurídicos), conferindo-lhe o caráter de sistema normativo, que nada mais é do que o resultado do conjunto das interpretações já realizadas e ainda em curso, num processo interminável.

4.2.4 Uma proposta de releitura do percurso gerativo de sentido jurídico-normativo à luz da Filosofia da Linguagem, da Hermenêutica Filosófica de Hans-Georg Gadamer e do Constructivismo Lógico-Semântico

Ao longo deste trabalho, esperamos ter demonstrado que uma proposta de acesso ao Direito a partir do horizonte filosófico da linguagem e da hermenêutica filosófica desenvolvida, sobretudo, por Hans-Georg Gadamer conduz à percepção fundamental de que texto e norma não se confundem, sendo essa uma construção resultante do processo de compreensão, interpretação e aplicação daquele. Importa lembrar, ainda, que essa proposta difere radicalmente daquelas propostas interpretativas tradicionais do direito, pois que pautadas na separação dicotômica entre sujeito e objeto, cujo labor hermenêutico consiste no uso de técnicas, a fim de exaurir o conteúdo normativo contido explícita ou implicitamente no texto, seja esse conteúdo decorrente da vontade da lei (*voluntas legis*) ou da vontade do legislador (*voluntas legislatores*).

Dentro desse novo horizonte filosófico, portanto, a norma jurídica revela-se como a unidade de sentido resultante da hermenêutica jurídica, como um constructo que o intérprete erige com base em seus preconceitos, que são preconceitos linguísticos, numa conversação hermenêutica com os textos jurídicos. Sob esse aspecto, é preciso reconhecer que a composição de textos do direito positivo conforme as regras morfológicas e sintáticas do idioma, bem como a enunciação desses textos de acordo com as regras do jogo de linguagem do direito (texto enunciado por autoridade competente) são condições importantes para a construção de um sistema normativo, mas não são suficientes. Por tudo que vimos, o fundamental nessa proposta de acesso ao Direito consiste na fenomenologia inerente ao processo hermenêutico, cujo mote central reside na percepção de que nosso horizonte cultural, composto por nossos preconceitos, é a condição primeira.

Nesse ponto, reputamos como certeiras as reflexões de Eros Grau (2005, XVI), para quem "[...] o processo de interpretação dos textos normativos encontra-se na pré-compreensão o seu momento inicial, a partir do qual ganha dinamismo um movimento circular, que compõe o círculo hermenêutico" (GRAU, 2005, XVI). Daí por que a hermenêutica gadameriana coloca em destaque a importância do juízo crítico em relação aos preconceitos herdados, porém ilegítimos, os quais engendram erros de opinião, de sorte que a elaboração de um projeto prévio adequado à compreensão torna-se primordial.

Diante dessas considerações, é forçoso intuir que o texto não é um ponto de partida do processo exegético, mas um parceiro da conversação hermenêutica. O ponto de partida está na percepção das estruturas prévias da compreensão. Dito de outro modo, o ponto de partida está na percepção de que interpretamos sempre a partir de nosso horizonte cultural, composto por preconceitos herdados da tradição, por meio de um processo de aculturação que se dá na e pela linguagem. Dentro desse contexto, a hermenêutica se apresenta como uma condição existencial, sendo correto assumir como axioma a assertiva de que interpretamos desde o início, quer queiramos ou não. Desta feita, conforme Gadamer, quem procura compreender está sempre exposto a erros de opiniões prévias, dado que estas podem não se confirmar nas próprias coisas, de sorte que "aquele que quer compreender não pode se entregar, já desde o início, à casualidade de suas próprias opiniões prévias e ignorar o mais obstinada e consequentemente possível a opinião do texto [...]" (GADAMER, 1997, p. 405).

A fim de contemplar, no plano de uma Teoria Analítico-Hermenêutica do Direito, a estrutura prévia da compreensão sobre a qual lançou tantas luzes a hermenêutica filosófica gadameriana, propomos um pequeno, porém substantivo, incremento no *percurso gerativo de sentido* (ou *trajetória hermenêutica*) desenvolvido pelo Constructivismo Lógico-Semântico. O objetivo é tão somente levar adiante todo o avanço já realizado no plano da Teoria Geral do Direito com relação ao desenvolvimento de uma perspectiva analítico-hermenêutica do fenômeno jurídico, sem descurar do importante legado que nos conduziu até aqui.

No ponto, dado que a hermenêutica é uma condição existencial, é preciso considerar, no *percurso gerativo de sentido normativo*, o fato inegável de que a pré-compreensão, e não o texto, é o ponto de partida. Conforme disse Gadamer, o texto comparece como um parceiro da conversação hermenêutica que quer falar através de seu intérprete. Antes do texto, porém, há a estrutura prévia da compreensão, em que os preconceitos herdados da tradição compõem o horizonte cultural do intérprete. Gadamer (1997, p. 406) foi categórico a esse respeito, afirmando que "somente um tal reconhecimento do caráter essencialmente preconceituoso de toda compreensão leva o problema hermenêutico à sua real agudeza".

Conforme vimos, o *percurso gerativo de sentido* (ou a *trajetória hermenêutica*) proposto por Paulo de Barros Carvalho (2015) compõe-se de quatro planos, sendo o plano textual ou plano de expressão o ponto de partida. Assim, conforme o autor, partindo a interpretação do plano da literalidade textual (S_1), em que as sentenças compõem frases, períodos e, por fim, o texto, o intérprete inicia sua trajetória exegética, passando, mediante o processo gerador de sentido, para o plano do conteúdo da norma jurídica em sentido amplo (S_2), em que as unidades mínimas de sentido (as proposições) são construídas, até atingir a plena compreensão das formações normativas (S_3), que são as normas em sentido estrito, a partir do que passaria, por meio de um esforço de coordenação e subordinação, para a forma superior do sistema normativo (S_4). Observa, assim, que o direito se manifesta sempre nesses quatro planos: formulações literais (S_1); unidades mínimas significativas ou normas jurídicas em sentido amplo (S_2); normas jurídicas em sentido estrito (S_3) e, por fim, o plano do sistema normativo (S_4), onde opera os vínculos de subordinação e coordenação entre as unidades normativas (S_3).

Tendo em vista as considerações antes feitas, propomos dar um passo atrás, de modo a considerar a estrutura prévia da compreensão (horizonte cultural composto por nossos preconceitos) como o ponto de partida do percurso gerador de sentido. Haveria, assim, um plano "S_0" que, antes mesmo do plano de expressão (plano textual), representaria a situação hermenêutica do intérprete, composta por seus preconceitos forjados na e pela linguagem, num processo de constante diálogo com a tradição.

Entrementes, importa o registro de que isso não implica inovar ou muito menos desnaturar o *percurso gerativo de sentido* desenvolvido, originalmente, por Paulo de Barros Carvalho (2015), mas tão somente tornar explícito aquilo que defendemos ao longo deste trabalho como a etapa fundamental do processo de compreensão, interpretação e aplicação de um texto qualquer, a exemplo de um texto jurídico.

No modelo proposto por Paulo de Barros Carvalho (2015, p. 130), o processo exegético "encontra limites nos horizontes da nossa cultura". Mas, mais do que isso, deixa, em nota dissertativa, consignada a premissa de que na sua "visão hermenêutica adotada, a interpretação exige uma pré-compreensão que a antecede e a torna possível" (CARVALHO, 2015, p. 130). Ou seja, parece-nos claro que Paulo de Barros Carvalho tem plena consciência das estruturas pré-compreensivas (preconceitos do intérprete) como condição *sine qua non* ao processo hermenêutico de geração de sentido.

Desse modo, mantido tudo o mais constante, o *percurso gerativo de sentido* se inicia em "S_0" (e não em "S_1"), em que o horizonte cultural e os preconceitos do intérprete ficam representados como a condição primeira (estrutura prévia) e inarredável da compreensão hermenêutica. Com isso, na esteira de Gadamer, o círculo hermenêutico e sua fundamentação existencial no plano da facticidade restariam explicitamente representados esquematicamente, demonstrando que esse círculo não é de natureza formal (relação do todo com as partes do texto e vice-versa), tampouco é algo objetivo ou subjetivo, mas, sim, uma descrição fenomenológica da "[...] compreensão como a interpretação do movimento da tradição e do movimento do intérprete" (GADAMER, 1997, p. 439). Diante dessa constatação, o plano textual (S_1) ressurge não como ponto de partida do labor interpretativo, mas como um parceiro da conversação hermenêutica que quer falar através de seu intérprete.

Assim, trazendo o plano textual (S_1) para o interior de seu horizonte cultural (S_0), o intérprete empreenderia aquilo que Gadamer chamou de fusão de horizontes por meio da conversação hermenêutica. Essa etapa comparece como de fundamental importância para o processo exegético, pois seria o momento em que o intérprete, num exercício crítico, avaliaria a legitimidade de seus preconceitos a fim de, livrando-se dos erros de opiniões prévias, estruturar adequadamente seu projeto compreensivo.

Lembremos que, para que o texto chegue a falar através de seu intérprete, a tarefa primeira imposta a este consiste em reconhecer que somos herdeiros de uma tradição, da qual legamos nossos preconceitos, de modo que "a tradição, enquanto linguagem herdada, oferece a antecipação do significado, enquanto o intérprete, através de seu juízo crítico, continua a formar a tradição" (SCHMIDT, 2014, p. 150).

A partir desse momento seminal, o processo de compreensão, interpretação e aplicação do texto jurídico resulta na construção de sentidos normativos. Num primeiro momento, conforme Paulo de Barros Carvalho (2013), o intérprete constrói a norma jurídica em sentido amplo (S_2), ou as unidades mínimas significativas proposicionais, até atingir a plena compreensão das formações normativas (S_3), que são as normas em sentido estrito como juízo hipotético-condicional, a partir do que passaria, por meio de um esforço de coordenação e subordinação, para a forma superior do sistema normativo (S_4).

A fim de reproduzir esse percurso hermenêutico de modo esquemático, propomos o seguinte modelo:

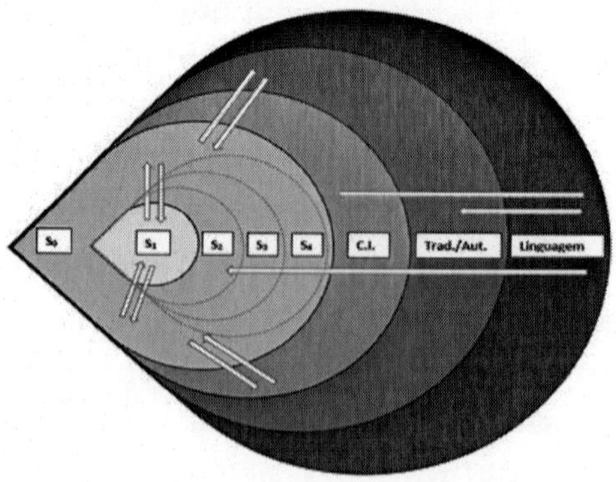

Onde: (**S_0**) representa o intérprete e sua situação hermenêutica (estrutura prévia da compreensão = horizonte cultural, composto pelos preconceitos herdados da tradição/autoridade). (**S_1**) representa o texto (conjunto de sentenças bem formadas gramaticalmente). (**S_2, S_3** e **S_4**) representam as unidades de sentido construídas a partir da conversação hermenêutica ou diálogo estabelecido entre intérprete e texto (**S_0** e **S_1**). (**C.I.**) representa a comunidade de intérpretes. (**Trad./Aut.**) representa a autoridade da tradição. As setas (→) representam as trocas dialógicas, informando que tudo se passa na e pela linguagem. **Linguagem** representa o universo no interior do qual reside e acontece tudo o mais (**S_0, S_1, S_2, S_3, S_4, C.I.** e **Trad./Aut.).**

Desta feita, para interpretar o texto (**S_1**), o intérprete parte sempre de seu horizonte cultural (**S_0**), delimitado pelo conjunto de seus preconceitos herdados da autoridade/tradição (**Trad./Aut**) por aculturação (linguagem), o que configura suas estruturas prévias da compreensão. O texto e seu horizonte cultural (**S_1**), como um parceiro de um diálogo, devem ser trazidos para o interior do horizonte cultural do intérprete (**S_0**), momento em que se inicia uma conversação hermenêutica entre eles. Ou seja, o texto não é um objeto, mas, sim, um parceiro de uma conversação. Nessa conversação hermenêutica entre intérprete e texto (**S_0** e **S_1**), aquele (o intérprete) empreende revisão crítica de seus preconceitos, ampliando, mantendo ou, até mesmo, reduzindo seu horizonte cultural, de modo a, após abandonar seus preconceitos ilegítimos para evitar erros de opinião, construir o sentido proposicional-normativo. (**S_2**) representa as unidades proposicionais de sentido construídas no curso da conversação entre intérprete e texto (**S_0 e S_1**), sendo as normas jurídicas em sentido amplo ou as proposições prescritivas. (**S_3**) representa as unidades mínimas e irredutíveis de manifestação do deôntico ou as normas jurídicas em sentido estrito (juízo hipotético-condicional biproposicional) construídas à medida que se aprofunda o diálogo e a fusão de horizontes entre intérprete e texto (**S_0 e S_1**), em que os preconceitos do intérprete são submetidos à prova no aprofundamento do processo hermenêutico de construção do sentido normativo. (**S_4**), por sua vez, representa a total fusão de horizontes entre o horizonte cultural do intérprete e o horizonte cultural do texto (**S_0 e S_1**), momento em que o aprofundamento na construção de sentido conduz ao ponto no qual as normas jurídicas em sentido estrito (**S_3**) passam a estabelecer relações de coordenação e subordinação no interior do horizonte cultural do intérprete, completando o processo de compreensão, interpretação e aplicação do texto jurídico, que se passa no interior da situação hermenêutica concreta ou factual do intérprete.

Agora, o intérprete, partindo de sua estrutura prévia da compreensão (**S_0**), não produz sentido isoladamente, como se fosse Robson Crusoe, mas apenas e tão somente enquanto um ser finito, situado historicamente no interior de uma comunidade de intérpretes (**C.I.**), que, por sua vez, encontra-se inserta no interior de uma tradição (**Trad./Aut.**) da qual herda todos os seus preconceitos, que são preconceitos linguísticos. Ao fim e ao cabo, a **Linguagem** se apresenta como o universo onde tudo acontece, pois é na e pela linguagem que a autoridade da tradição (**Trad./Aut.**) lega seus preconceitos à comunidade de intérpretes (**C.I.**), no interior da qual se encontra o intérprete e seu horizonte cultural (**S_0**), a partir do que se torna possível o processo de compreensão, interpretação e aplicação de um texto qualquer, a exemplo do texto do direito positivo, que somente consegue falar através de seu intérprete.

Longe de mero exercício lúdico, acreditamos que a incorporação do plano "S_0" no *percurso gerativo de sentido* lança luz naquilo que é a questão central da hermenêutica filosófica ancorada na filosofia da linguagem. Em primeiro lugar, exorta a percepção de que nossos preconceitos são, na verdade, preconceitos linguísticos herdados de uma tradição. Em segundo lugar, possibilita um nível mais razoável de questionamento da legitimidade de certos preconceitos, sobretudo por torná-los explícitos e perceptíveis, como o fizemos em relação à noção de esfera pública e esfera privada. Em terceiro lugar, abre espaço para o papel e a responsabilidade do intérprete quanto ao exercício crítico com vistas à diferenciação entre preconceitos legítimos e ilegítimos. Além do mais, com a explicitação das estruturas prévias da compreensão no *percurso gerativo de sentido*, vislumbra-se, no âmbito da pesquisa jurídica, um campo auspicioso para a investigação científica, mormente porque permite um estudo do tema da interpretação sob outro olhar, voltado para o campo da pragmática e da fenomenologia jurídica.

CONSIDERAÇÕES FINAIS

As ideias alinhavadas, ao longo desta pesquisa, tiveram como eixo central o tema da hermenêutica jurídica. Entretanto, não uma hermenêutica jurídica ancorada na filosofia da consciência, pautada pela relação sujeito-objeto e dedicada a conceber e a desenvolver técnicas que, uma vez colocadas à disposição do intérprete, possibilitam que este extraia o sentido normativo contido explícita ou implicitamente nos textos do direito positivo, mas sim uma hermenêutica jurídica pensada a partir do horizonte da filosofia da linguagem e da filosofia hermenêutica contemporânea. Enfim, o objetivo principal da pesquisa foi investigar as condições de possibilidade e as implicações de uma hermenêutica jurídicas *pós* giro linguístico.

A hipótese levantada, que conduziu o desenvolvimento do trabalho, foi de que a revolução linguístico-pragmática empreendida pela filosofia da linguagem, sobretudo a partir de L. Wittgenstein, e pela hermenêutica filosófica contemporânea, a partir de M. Heidegger e H.G. Gadamer, abriu espaço para uma compreensão renovada do fenômeno jurídico, tornando-o mais aderente ao "mundo da vida" e, portanto, às relações intersubjetivas que caracterizam os tempos hodiernos. Isso porque a revolução comunicacional decorrente da era digital transformou cada pessoa em um nó, que, conectado a outros nós, passou a compor a trama de uma grande rede dialógica global. Nesse novo cenário, uma perspectiva hermenêutica do direito deve, necessariamente, levar em consideração uma exegese calcada na relação "sujeito-sujeito", dada na e pela linguagem, em que os sujeitos (intérpretes) colocam em jogo seus pré-conceitos na busca por consenso hermenêutico acerca do mundo e das coisas.

Como instrumento metodológico, a pesquisa partiu da premissa de que *direito é linguagem*, buscando, a partir daí, uma descrição fenomenológica do acontecimento jurídico. Assim, em vez de se preocupar com categorias dogmáticas do direito, com classificações e definições precisas, ou seja, com o *quê* do direito, como é comum em pesquisas insertas nesse universo, buscou-se por uma descrição do *como* do direito, de modo que isso possibilitasse levar ao extremo a ideia de uma hermenêutica jurídica a partir do horizonte da filosofia da linguagem e da filosofia hermenêutica contemporânea. A tarefa consistiu, sob esse aspecto, em exercitar o pensamento nesse campo existencial, à guisa de uma fenomenologia aplicada ao direito, conectando, a partir da chave hermenêutica, questões filosóficas com questões pragmáticas, sem descurar de uma teoria analítico-hermenêutica, concebida no plano de uma Teoria Geral do Direito.

Colhemos alguns importantes resultados da pesquisa, os quais, ainda que não mereçam a pecha de "conclusivos", apontam para um campo profícuo de investigação do fenômeno jurídico e, o que é mais importante, para uma adequação das práticas jurídicas às mudanças céleres pelas quais passa a sociedade contemporânea.

Num primeiro momento, a noção de horizonte filosófico, tal como trabalhada na pesquisa, colocou às claras a distinção entre posturas cognoscentes ancoradas na filosofia do ser, da consciência e da linguagem, o que permitiu afirmar que o senso comum jurídico-teórico nacional ainda trabalha dentro do esquema sujeito-objeto inerente à filosofia da consciência, em que a linguagem aparece como um mero instrumento dessa relação. Daí o porquê do predomínio, dentro do jogo de linguagem do direito, de um acesso hermenêutico ao direito através de um conjunto de técnicas postas à disposição do sujeito (intérprete) cognoscente, modelo esse que não responde mais à situação hermenêutica do homem contemporâneo, marcada, cada vez mais e em razão da virtualização da vida, por interações dialógicas intersubjetivas.

Feita essa demarcação inicial, a pesquisa trouxe aquilo que consideramos como seu objetivo central.

Em primeiro lugar, apresentou as características centrais da reviravolta linguístico-pragmática, apontando o significado de se conceber o mundo a partir da linguagem, em que as relações sujeito-sujeito, em vez de sujeito-objeto, passam à centralidade. Dentro desse novo horizonte filosófico, assumem posição de destaque as práticas linguísticas cotidianas ou ordinárias, nas quais o uso da linguagem em contextos reais de fala traz ao primeiro plano noções tais como "jogo de linguagem", "regras de jogo", "semelhança de família", "formas de vida" etc. Dentro desse horizonte filosófico, o axioma primeiro é de que somos o que somos em razão da linguagem, dado que pertencemos, sempre, a uma comunidade linguística, da qual herdamos o mundo tal como o conhecemos.

Em segundo lugar, uma vez tendo sido apresentados os contornos da reviravolta linguístico-pragmática, foi possível demonstrar como esse movimento filosófico criou as bases para uma hermenêutica filosófica de viés existencialista e, portanto, pragmática, tal como desenvolvida por Heidegger e, sobretudo, por Gadamer. Ancorada na filosofia da linguagem, a hermenêutica filosófica gadameriana demonstrou que interpretamos desde o início, pois, enquanto intérpretes, somos seres finitos, situados historicamente, cuja formação se dá na e pela linguagem, no diálogo com a tradição. Restaram demonstradas as razões pelas quais interpretamos sempre com base em nossos preconceitos, que são preconceitos linguísticos adquiridos no processo de aculturação.

A ruptura com o exegetismo tradicional se revelou de extrema radicalidade, pois, em vez de um conjunto de técnicas à disposição do intérprete, a hermenêutica, enquanto uma condição existencial, mostrou-se como um processo indissociável entre compreensão, interpretação e aplicação. Na base de tudo, estão os preconceitos que delimitam o horizonte cultural do intérprete. Ou seja, diante dessa nova compreensão filosófica do mundo da vida, interpretamos não porque descobrimos um sentido contido explícita ou implicitamente nas coisas ou na mente das pessoas por meio de nossa razão subjetivamente dada, mas, sim, porque, enquanto sujeitos finitos, forjados na e pela linguagem, construímos um sentido a partir de nosso horizonte cultural, delimitado por nossos preconceitos.

Daí por que a tarefa fundamental do intérprete consiste em não se deixar levar por preconceitos ilegítimos, devendo empreender constante avaliação crítica de seus preconceitos no diálogo contínuo que mantém com a tradição. Os preconceitos formam nosso horizonte, além do qual não se pode ver, mas, conforme destacou Gadamer (1997), o horizonte do presente está em constante (trans)formação, deslocando-se ao passo de quem se move e na medida em que os preconceitos são colocados à prova.

Feito esse movimento no plano teórico-filosófico, a pesquisa tratou de pensar uma hermenêutica jurídica nas mesmas bases, buscando no horizonte filosófico da linguagem e na hermenêutica filosófica de Hans-Georg Gadamer fundamentos teóricos para uma perspectiva analítico-hermenêutica do Direito.

A ideia de preconceito, tal como concebida por Hans-George Gadamer, foi fundamental para uma análise, do ponto de vista jurídico-pragmático, dos influxos do giro linguístico e da filosofia hermenêutica contemporânea no plano da facticidade jurídica. Uma investigação genealógica dos termos "público e privado", pensados como dois espaços no interior dos quais se desenrolam os processos vitais (a *vida activa*), revelou tratarem-se de preconceitos fundamentais que, ao longo dos séculos, foram legados de geração a geração, permitindo a compreensão do mundo da vida e, sobretudo, do fenômeno jurídico.

Entretanto, a pesquisa apontou como alterações recentes ocorridas no plano comunicacional decorrentes da revolução digital – criando o mundo pantécnico – têm afetado, no plano pragmático, a legitimidade desses preconceitos tidos como cardeais, até então. Em decorrência disso, a pesquisa mostrou como a perda de legitimidade desses preconceitos tem afetado as práticas jurídico-normativas, trazendo, à guisa de evidências empíricas, algumas alterações recentes no plano do direito positivo, as quais dizem respeito à ressignificação do que seja "acesso à justiça", do que são exemplos a instituição dos meios autocompositivos de resolução de conflitos, os quais evidenciam uma busca por consenso hermenêutico (conversação hermenêutica) orientada por um agir comunicativo induzido por entendimento dado na e pela linguagem.

Por fim, dentro da proposta de pensar uma perspectiva analítico-hermenêutica do fenômeno jurídico, articulando reflexões que perpassam o plano filosófico e o plano pragmático, sem, contudo, descurar de uma hermenêutica jurídica pensada no plano de uma Teoria Geral do Direito, a pesquisa tratou de estabelecer as balizas teóricas de uma perspectiva analítico-hermenêutica do Direito, apontando experimentos, nessa seara, que buscam por uma sistematização teórica do processo de compreensão, interpretação e aplicação dos textos do direito positivo, considerando o horizonte filosófico da linguagem e da hermenêutica filosófica contemporânea.

Ao ensejo, foi apresentado, num primeiro momento, as contribuições ofertadas pelo Constructivismo Lógico-Semântico, tal como concebido por Lourival Vilanova e por Paulo de Barros Carvalho, e as contribuições ofertadas, cada um a seu modo, por Eros Roberto Grau e Lenio Luiz Streck. Com esse exercício, pensamos ter demonstrado o desafio que enfrenta a Teoria Geral do Direito diante da difícil tarefa de pensar um acesso hermenêutico ao fenômeno jurídico com base na filosofia da linguagem e na filosofia hermenêutica contemporânea, sobretudo porque tal experimento ainda se mostra muito rarefeito e de pouca compreensão no interior do senso comum teórico-jurídico em solo nacional.

Num segundo momento, de cunho propositivo, apresentou-se uma proposta de sistematização teórica de uma teoria hermenêutica do direito de viés analítica, seguida de uma releitura do *percurso gerativo de sentido* ou da *trajetória interpretativa*, tal como proposto(a) por Paulo de Barros Carvalho. Partindo daquilo que reputamos como central na hermenêutica filosófica de Hans-Georg Gadamer, buscou-se incorporar as estruturas prévias da compreensão no *percurso gerativo de sentido*, explicitando que o ponto de partida, e o mais fundamental de toda e qualquer tarefa hermenêutica, está na percepção crítica dos preconceitos herdados da tradição, os quais formam o horizonte cultural do intérprete.

Ao lançar luz sobre esse tópico no plano de uma Teoria Geral do Direito, pensamos ter deixado aberto um amplo e fecundo espaço para investigações futuras acerca da hermenêutica jurídica envolvendo questões de cunho mais pragmático, decorrentes das alterações ou fossilização de preconceitos tidos como canônicos dentro do jogo de linguagem do direito, em intervalos de tempo cada vez mais curtos, sobretudo com o vertiginoso fluxo de informações tão característico do atual mundo pantécnico.

REFERÊNCIAS

AGUIAR, Odílio Alves. Ser, consciência e linguagem: horizontes da filosofia. *Revista Educação em Debate*, Fortaleza, ano 21, v. 2, n. 38, p. 29-35, 1999.

ALMEIDA, Rafael Alves de; ALMEIDA, Tania; CRESPO, Mariana Hernandez (org.). *Tribunal multiportas:* investindo no capital social para maximizar o sistema de solução de conflitos no Brasil. Rio de Janeiro: FGV, 2012.

ALVIM, José Eduardo Carreira. Justiça: acesso e descesso. *Revista Jus Navigandi*, Teresina, ano 8, n. 65, 1 maio 2003. Disponível em: https://jus.com.br/artigos/4078. Acesso em: 9 jan. 2022.

ARENDT, Hannah. *A condição humana*. Tradução Roberto Raposo. 10. ed. Rio de Janeiro: Forense Universitária, 2009.

AUSTIN, John Langshaw. *Quando dizer é fazer*. Tradução Danilo Marcondes de Souza Filho. Porto Alegre: Artes Médicas, 1990.

BANCO MUNDIAL. Doing Business 2020. *In*: *Doing Business*: medindo a regulamentação do ambiente de negócios. Disponível em: https://archive.doingbusiness.org/pt/reports/global-reports/doing-business-2020. Acesso em: 5 jan. 2022.

BECKER, Alfredo Augusto. *Teoria geral do direito tributário*. 5. ed. São Paulo: Noeses, 2010.

BENVENISTE, Émile. *Problemas de linguística geral*. Tradução Maria da Glória Novak e Luiza Neri. São Paulo: Ed. Nacional e Ed. Universidade de São Paulo, 1976.

BOBBIO, Norberto. *Estado, governo, sociedade*: por uma teoria geral da política. Tradução Marco Aurélio Nogueira. 15. ed. São Paulo: Paz e Terra, 2009.

BOBBIO, Norberto. *Teoria geral do direito*. 3. ed. São Paulo: Martins Fontes, 2010.

CAHALI, Francisco José. *Curso de arbitragem*. 5. ed. São Paulo: RT, 2015.

CAPPELLETTI, Mauro; GARTH, Bryant. *Acesso à justiça*. Tradução Ellen Gracie Northfleet. Porto Alegre: Fabris, 1988.

CARVALHO, Aurora Tomazini de. Interpretação e aplicação do direito. *In*: HARET, Florence; CARNEIRO, Jerson (coord.). *Vilém Flusser e juristas*: comemoração dos 25 anos do grupo de estudos Paulo de Barros Carvalho. São Paulo: Noeses, 2009.

CARVALHO, Aurora Tomazini de. O constructivismo lógico-semântico como método de trabalho na elaboração jurídica. *In*: CARVALHO, Aurora Tomazini de. *Constructivismo lógico-semântico*. 2. ed. São Paulo: Noeses, 2020. v. 1.

CARVALHO, Aurora Tomazini de. *Teoria geral do direito:* o constructivismo-lógico-semântico. 3. ed. São Paulo: Noeses, 2013.

CARVALHO, Paulo de Barros. Algo sobre o constructivismo lógico-semântico. *In*: CARVALHO, Paulo de Barros. *Constructivismo lógico-semântico*. 2. ed. São Paulo: Noeses, 2020. v. 1.

CARVALHO, Paulo de Barros. *Direito tributário*: linguagem e método. 5. ed. São Paulo: Noeses, 2013.

CARVALHO, Paulo de Barros. *Fundamentos jurídicos da incidência*. 10. ed. rev. e atual. São Paulo: Saraiva, 2015.

CASERTANO, Giovanni. *Sofista*. Tradução José Bortolini. São Paulo: Paulus, 2010.

CERBONE, David Ralph. *Fenomenologia*. Tradução Caesar Souza. Petrópolis, RJ: Vozes, 2012.

CINTRA, Antônio Carlos de Araújo; DINAMARCO, Cândido Rangel; GRINOVER, Ada Pellegrini. *Teoria geral do processo*. 31. ed. São Paulo: Malheiros, 2015.CONSELHO NACIONAL DE JUSTIÇA. *Justiça em Números 2021*. Brasília: CNJ, 2021. Disponível em: https://encr.pw/XsGMm. Acesso em: 05 jan. 2022.

CONSELHO NACIONAL DE JUSTIÇA. *Justiça em Números 2022*. Brasília: CNJ, 2022. Disponível em: https://l1nq.com/48gmk. Acesso em: 30 set. 2022.

COSTA, Regina Helena. *Curso de Direito Tributário*. 7. ed. São Paulo: Saraiva, 2017.

CRESPO, Mariana Hernandez. A construção da América Latina que queremos: complementando as democracias representativas através da construção de consenso. *In*: ALMEIDA, Rafael Alves de; ALMEIDA, Tania; CRESPO, Mariana Hernandez (org.). *Tribunal multiportas*: investindo no capital social para maximizar o sistema de solução de conflitos no Brasil. Rio de Janeiro: FGV, 2012b.

CRESPO, Mariana Hernandez. Perspectiva sistêmica dos métodos alternativos de resolução de conflitos na América Latina: aprimorando a sombra da lei através da participação do cidadão. *In*: ALMEIDA, Rafael Alves de; ALMEIDA, Tania; CRESPO, Mariana Hernandez (org.). *Tribunal multiportas*: investindo no capital social para maximizar o sistema de solução de conflitos no Brasil. Rio de Janeiro: FGV, 2012a.

DALLARI, Dalmo de Abreu. *Elementos de teoria geral do Estado*. 29. ed. São Paulo: Saraiva, 2010.

DASCAL, Marcelo. *Interpretação e compreensão*. Tradução Marcia Heloisa Lima da Rocha. São Leopoldo, RS: Unisinos, 2006.

DELEUZE, Gilles; GUATTARI, Félix. *O que é a filosofia?* Tradução Bento Prado Jr. e Alberto Alonso Muñoz. 3. ed. São Paulo: Editora 34. 2010.

DUTRA, Luiz Henrique de Araújo. *Introdução à epistemologia*. São Pulo: Unesp, 2010.

FERRAZ JR., Tercio Sampaio. *Função social da dogmática jurídica*. 2. ed. São Paulo: Atlas, 2021a.

FERRAZ JR., Tercio Sampaio. *Introdução ao estudo do direito*: técnica, decisão, dominação. 11. ed. São Paulo: Atlas, 2019.

FERRAZ JR., Tercio Sampaio. *O direito entre o futuro e o passado*. São Paulo: Noeses, 2014.

FERRAZ JR., Tercio Sampaio. *Teoria da norma jurídica:* ensaio de pragmática da comunicação normativa. 5. ed. Barueri – São Paulo: Atlas, 2021b.

FERRAZ JR., Tercio Sampaio; BORGES, Guilherme Roman. *A superação do direito como norma*: uma visão descolonial da teoria do direito brasileiro. São Paulo: Almedina, 2020.

FLUSSER, Vilém. *Comunicologia*: reflexões sobre o futuro (as conferências de Bochum). Tradução Tereza Maria Souza de Castro. São Paulo: Martins Fontes, 2014.

FLUSSER, Vilém. *Língua e realidade*. 3. ed. São Paulo: Annablume, 2007.

GADAMER, Hans-Georg. *Hermenêutica em retrospectiva:* a virada hermenêutica. Tradução Marco Antônio Casanova. Petrópolis, RJ: Vozes, 2007. v. II.

GADAMER, Hans-Georg. *Hermenêutica em retrospectiva:* Heidegger em retrospectiva. Tradução Marco Antônio Casanova. 2. ed. Petrópolis, RJ: Vozes, 2007. v. I.

GADAMER, Hans-Georg. *Hermenêutica em retrospectiva:* hermenêutica e a filosofia prática. Tradução Marco Antônio Casanova. Petrópolis, RJ: Vozes, 2007. v. III.

GADAMER, Hans-Georg. *Verdade e método I:* traços fundamentais de uma hermenêutica filosófica. Tradução Flávio Paulo Meurer. 3. ed. Petrópolis, RJ: Vozes, 1997.

GADAMER, Hans-Georg. *Verdade e método II:* complementos e índice. Tradução Enio Paulo Giachini. 2. ed. Petrópolis, RJ: Vozes; Bragança Paulista, SP: Universitária São Francisco, 2004.

GAMA, Tácio Lacerda. *Competência tributária*: fundamentos para uma teoria da nulidade. 3. ed. São Paulo: Noeses, 2020.

GRAU, Eros Roberto. *Ensaio e discurso sobre a interpretação/aplicação do direito*. 3. ed. São Paulo: Malheiros, 2005.

HAACK, Susan. *Filosofia das lógicas*. Tradução: Cesar Augusto Mortari; Luiz Henrique de Araújo Dutra. São Paulo: Unesp, 2002.

HABERMAS, Jürgen. *A lógica das ciências sociais*. Tradução Marco Antônio Casanova. Petrópolis, RJ: Vozes, 2009 (Coleção Textos Filosóficos).

HABERMAS, Jürgen. *Mudança estrutural da esfera pública*. Tradução Flávio René Kothe. Rio de Janeiro: Tempo Brasileiro, 2003.

HABERMAS, Jürgen. *Pensamento pós-metafísico:* estudos filosóficos. 2. ed. Rio de Janeiro: Tempo Universitário, 2002.

HABERMAS, Jürgen. *Teoria do agir comunicativo, 1*: racionalidade da ação e racionalização social. Tradução Paulo Astor Soethe. São Paulo: WMF Martins Fontes, 2012a.

HABERMAS, Jürgen. *Teoria do agir comunicativo, 2*: sobre a crítica da razão funcionalista. Tradução Flávio Beno Siebeneichler. São Paulo: WMF Martins Fontes, 2012b.

HARE, R. M. *A linguagem da moral*. Tradução Eduardo Ferreira e Ferreira. São Paulo: Martins Fontes, 1996.

HEIDEGGER, Martin. A linguagem. *In*: HEIDEGGER, Martin. *A caminho da linguagem*. Tradução Marcia Sá Cavalcante Schuback. 7. ed. Petrópolis, RJ: Vozes; Bragança Paulista, SP: Universitária São Francisco, 2014. (Coleção Pensamento Humano).

HEIDEGGER, Martin. *Carta sobre o humanismo*. Tradução Rubens Eduardo Frias. São Paulo: Centauro, 2005.

HEIDEGGER, Martin. Meu caminho para a fenomenologia. *In*: HEIDEGGER, Martin. *Conferências e escritos filosóficos*. Tradução Ernildo Stein. São Paulo: Abril Cultural, 1979 (Os Pensadores).

HEIDEGGER, Martin. O caminho para a linguagem. *In*: HEIDEGGER, Martin. *A caminho da linguagem*. Tradução Marcia Sá Cavalcante Schuback. 7. ed. Petrópolis, RJ: Vozes; Bragança Paulista, SP: Universitária São Francisco, 2014. (Coleção Pensamento Humano).

HEIDEGGER, Martin. *Ser e tempo*. Tradução Marcia Sá Cavalcante Schuback. Petrópolis, RJ: Vozes; Bragança Paulista, SP: Universitária São Francisco, 2006.

HEIDEGGER, Martin. Sobre o humanismo: carta a Jean Beaufret, Paris. *In*: HEIDEGGER, Martin. *Conferências e escritos filosóficos*. Tradução Ernildo Stein. São Paulo: Abril Cultural, 1979 (Os Pensadores).

HUSSERL, Edmund. *Ideias para uma fenomenologia pura e para uma filosofia fenomenológica*: introdução geral à fenomenologia pura. Tradução Márcio Suzuki. Aparecida, São Paulo: Ideias & Letras, 2006 (Coleção Subjetividade Contemporânea).

INSPER. *Contencioso tributário no Brasil 2020*: referência 2019. Disponível em: https://l1nq.com/16kM7. Acesso em: 5 jan. 2022.

JAEGER, Werner. *Paideia*: a formação do homem grego. Tradução Artur Marecos Parreira. 4. ed. São Paulo: Martins Fontes, 2001.

KANT, Immanuel. *Crítica da razão pura*. Tradução Manuela Pinto dos Santos e Alexandre Fradique Morujão. Lisboa: Fundação Calouste Gulbenkian, 2001.

KAUFMANN, Arthur. A problemática da filosofia do direito ao longo da história. *In*: KAUFMANN, Arthur; HASSEMER, Winfried (org.). *Introdução à filosofia do direito e à teoria do direito contemporâneas*. Tradução Marcos Keel e Manuel Seca de Oliveira. Lisboa: Fundação Calouste Gulbenkian, 2002.

KELSEN, Hans. *Teoria pura do direito*. Tradução João Baptista Machado. 8. ed. São Paulo: WMF Martins Fontes, 2009.

KUHN, Thomas S. *A estrutura das revoluções científicas*. 5. ed. São Paulo: Perspectiva S.A., 1997.

LAFER, Celso. Filosofia do Direito e princípios gerais: consideração sobre a pergunta "o que é a filosofia do direito?". *In*: ALVES, Alaôr Caffé *et al*. *O que é a filosofia do direito?* Barueri, SP: Manole, 2004.

LÉVY, Pierre. *Cibercultura*. Tradução Carlos Irineu da Costa. São Paulo: Editora 34, 1999.

LINS, Robson Maia. Considerações sobre o conceito de norma jurídica e a pragmática da comunicação na decisão judicial na jurisprudência do Supremo Tribunal Federal. *In:* CARVALHO, Paulo de Barros (coord.) *Constructivismo lógico-semântico*.. 2. ed. São Paulo: Noeses, 2020. v. 1.

MACHADO, Carlos Henrique. *Modelo multiportas no direito tributário brasileiro*. 2020. 335 p. Tese (Doutorado em Direito) – Programa de Pós-Graduação em Direito, Universidade Federal de Santa Catarina, Florianópolis, 2020.

MADUREIRA, Cláudio Penedo; MOREIRA, Aline Simonelli; MOREIRA, Aline de Magalhães Grafanassi. Autocomposição, conciliação e mediação no regime do CPC-2015: esforço teórico de sistematização dos conceitos. *In*: SICA, Heitor; CABRAL, Antônio; SEDLACEK, Federico; ZANET JR., Hermes (org.). *Temas de direito processual contemporâneo*: III Congresso Brasil-Argentina de Direito Processual. Serra, ES: Editora Milfontes, 2019. v. II.

MADUREIRA, Cláudio. *A autocomposição no direito brasileiro:* tribunal multiportas, base normativa, administração da justiça e administração do processo. Vitória: EDUFES; Rio de Janeiro: MC&G, 2021.

MADUREIRA, Cláudio. *Advocacia pública*. Belo Horizonte, MG: Fórum, 2015.

MAZZONI, Julio; CASTANON, Gustavo Arja. Construtivismo radical ou trivial?. *Psicol. pesq.* [online]. 2014, vol.8, n.2, p. 230-240. ISSN 1982-1247. Disponível em: http://dx.doi.org/10.5327/Z1982-1247201400020012. Acesso em: 5 jan. 2022.

MEIRELLES, Hely Lopes. *Direito administrativo brasileiro*. 33. ed. Atualizada por Eurico de Andrade Azevedo, Délcio Balestero Aleixo e José Emmanuel Burle Filho. São Paulo: Malheiros, 2007.

OLIVEIRA, Manfredo Araújo de. *Reviravolta linguístico-pragmática na filosofia contemporânea*. 4. ed. São Paulo: Loyola, 2015.

PEARS, David. *As ideias de Wittgenstein*. Tradução Octanny Silveira da Mota e Leonidas Hegenberg. São Paulo: Cultrix/Edusp, 1973.

PLATÃO. *A República*. Tradução Ana Lia Amaral de Almeida Prado. São Paulo: Martins Fontes, 2006.

PLATÃO. *Crátilo, ou da CORREÇÃO DOS NOMES* (Diálogos VI). Tradução Edson Bini. Bauru, SP: Edipro, 2010 (Clássicos Edipro).

PLATÃO. *Crátilo, ou sobre a correção dos nomes*. Tradução Celso de Oliveira Vieira. São Paulo: Paulus, 2014 (Coleção Textos Filosóficos).

PORCHAT, Oswaldo. *O conflito das filosofias*. SKÉPSIS, ISSN 1981-4194, ano VII, n. 2014, p. 1-13.

PRADO JUNIOR, Caio. *O que é filosofia*. São Paulo: Brasiliense, 2008. (Coleção Primeiros Passos; 37).

REALE, Giovanni. *História da filosofia grega e romana, vol. IX*: Léxico da filosofia grega e romana. Tradução Henrique Cláudio de Lima Vaz e Marcelo Perine. São Paulo: Loyola, 2014.

REALE, Giovanni. *Pré-Socráticos e o orfismo*: história da filosofia grega e romana. Tradução Marcelo Perine. São Paulo: Loyola, 2009. v. I.

ROBLES, Gregorio. *As regras do direito e as regras do jogo:* ensaio sobre a teoria analítica do direito. Tradução Pollyana Mayer. São Paulo: Noeses, 2011.

ROBLES, Gregorio. *Direito como texto*: quatro estudos de teoria comunicacional do direito. Tradução Roberto Barbosa Alves. São Paulo: Manole, 2005.

ROBLES, Gregorio. Ordenamento, sistema, ámbito: la función comunicacional de la dogmática jurídica. *In*: ROBLES, Gregorio; CARVALHO, Paulo de Barros. *Teoria comunicacional do direito*: diálogo entre Brasil e Espanha. São Paulo: Noeses, 2017. v. II.

SCHMIDT, Lawrence K. *Hermenêutica*. Tradução Fábio Ribeiro. 3. ed. Petrópolis, RJ: Vozes, 2014.

SCHROTH, Ulrich. Hermenêutica filosófica e jurídica. *In*: KAUFMANN, Arthur; HASSEMER, Winfried (org.). *Introdução à filosofia do direito e à teoria do direito contemporâneas*. Tradução Marcos Keel e Manuel Seca de Oliveira. Lisboa: Fundação Calouste Gulbenkian, 2002.

SEARLE, John Rogers. *Expressão e significado*: estudo da teoria dos atos de fala. Tradução Ana Cecília G. A. de Camargo e Ana Luiza Marcondes Garcia. 2. ed. São Paulo: Martins Fontes, 1995.

SIMMEL, Georg. *Sociologia*. Organização de Evaristo de Moraes Filho. São Paulo: Ática, 1983.

SÓFOCLES. *Antígona*. Tradução Donaldo Schüler. Porto Alegre: L&PM, 2011.

SOUZA FILHO, Danilo Marcondes de. *Filosofia, linguagem e comunicação*. São Paulo: Cortez, 1984.

STEIN, Ernildo. Introdução ao método fenomenológico hideggeriano. *In*: HEIDEGGER, Martin. *Conferências e escritos filosóficos*. São Paulo: Abril Cultural, 1979 (Os Pensadores).

STRECK, Lenio Luiz. Bases para a compreensão da hermenêutica jurídica em tempos de superação do esquema sujeito-objeto. *Revista Sequência*, n. 54, p. 29-46, jul. 2007.

STRECK, Lenio Luiz. Hermenêutica e decisão jurídica: questões epistemológicas. *In*: STEIN, Ernildo; STRECK, Lenio. *Hermenêutica e epistemologia*: 50 anos de verdade e método. 2. ed. Porto Alegre: Livraria do Advogado, 2015.

STRECK, Lenio Luiz. *Hermenêutica jurídica e(m) crise*: uma exploração hermenêutica da construção do direito. 11. ed. Porto Alegre: Livraria do Advogado, 2021.

SUNDFELD, Carlos Ari. *Fundamentos do direito público*. 4. ed. São Paulo: Malheiros, 2009.

TORRES, Ricardo Lobo. *Curso de direito financeiro e tributário*. 17. ed. Rio de Janeiro: Renovar, 2010.

TOULMIN, Allan Janik Stephen. *A Viena de Wittgenstein*. Rio de Janeiro: Campus, 1991.

VARGIU, Lucas. Emílio Betti: a teoria geral da interpretação. *Philosophica*, Lisboa, 55-56, p. 239-253, 2020.

VILANOVA, Lourival. *As estruturas lógicas e o sistema de direito positivo*. 4. ed. São Paulo: Noeses, 2010.

VILANOVA, Lourival. *Causalidade e relação no direito*. 5. ed. São Paulo: Noeses, 2015.

WATANABE, Kasuo. Acesso à justiça e meios consensuais de solução de conflitos. *In*: ALMEIDA, Rafael Alves de; ALMEIDA, Tania; CRESPO, Mariana Hernandez (org.). *Tribunal multiportas*: investindo no capital social para maximizar o sistema de solução de conflitos no Brasil. Rio de Janeiro: FGV, 2012.

WITTGENSTEIN, Ludwig. *Investigações filosóficas*. Tradução Emanuel Carneiro Leão. Petrópolis, RJ: Vozes, 1994.

WITTGENSTEIN, Ludwig. *Tractatus logico-philosophicus*. Tradução Luiz Henrique Lopes dos Santos. 3. ed. São Paulo: Universidade de São Paulo, 2010.

ZILLES, Urbano. *Teoria do conhecimento e teoria da ciência*. São Paulo: Paulus, 2005 (Coleção Filosofia).

ZOMER, Silvia Regina; SOUZA, Luiz Claudio Nogueira de. Norma jurídica, validade e verdade: uma proposta de elucidação. *Revista de Direito Tributário Contemporâneo,* São Paulo: RT, v. 33, ano 7, p. 179-205, abr./jun. 2022.